1 赤, 青, 赤, 青……という色の順で, 色紙の輪をつないでいって, 紙のくさりをつくりました。はじめから数えて, 23番目の輪の色は, 何色ですか。 〔8点〕

答え

2 ジュースを$\frac{4}{5}$L飲みましたが, まだ2$\frac{3}{5}$L残っています。はじめにジュースは何Lありましたか。 〔8点〕

式

答え

3 1Lの重さが1.12kgの食塩水の0.75L分の重さは何kgですか。 〔8点〕

式

答え

4 3.5Lのガソリンで35.5km走る自動車があります。この自動車はガソリン1Lで約何km走ることができますか。商を四捨五入して$\frac{1}{10}$の位(小数第1位)まで求めましょう。 〔8点〕

式

答え

5 だいちさんの体重は33.4kg, ゆうまさんの体重は28.9kg, そうたさんの体重は38.8kgです。3人の体重の平均は何kgですか。 〔8点〕

式

答え

6 さくらさんの乗ったバスは, 20分間で9km進みました。このバスは分速何kmで進んだことになりますか。 〔10点〕

式

答え

1

7 としおさんのクラスの生徒は30人です。そのうち18人が,運動クラブに入っています。運動クラブの人数は,クラス全体の人数の何%ですか。 〔10点〕

式

答え

8 280個仕入れたりんごが,きょうだけで全体の35%売れました。きょう,りんごは何個売れましたか。 〔10点〕

式

答え

9 ある飛行機に乗客が385人乗っています。これは,定員より30%少ないそうです。この飛行機の定員は何人ですか。定員を□人として式に表し,答えを求めましょう。 〔10点〕

式

答え

10 1個240円で仕入れたかんづめに,2割5分の利益があるように定価をつけようと思います。定価を何円にすればよいですか。 〔10点〕

式

答え

11 りんご1個とみかん3個で330円,同じりんご1個とみかん5個で450円です。りんご1個,みかん1個のねだんは,それぞれ何円ですか。 〔10点〕

式

答え

5年生の復習だね。まちがえた問題はやりなおしておこう。

得点 　点

1 　駅前から，北町行きバスは15分おきに，東町行きバスは18分おきに出発します。午前9時30分にこれらのバスが同時に出発しました。次に駅前からバスが同時に出発するのは，午前何時何分ですか。〔8点〕

答え

2 　$3\frac{1}{2}$ L あったペンキを $1\frac{1}{3}$ L 使いました。ペンキは，何L残っていますか。〔8点〕
式

答え

3 　やかんには，なべの2.24倍の水が入ります。なべに入る水の量は2.5Lです。やかんには，何Lの水が入りますか。〔8点〕
式

答え

4 　たて3.2m，面積が14.4m²の長方形があります。この長方形の横の長さは何mですか。〔8点〕
式

答え

5 　みかん1個の重さを平均75gとすると，みかん何個で4.5kgになりますか。〔8点〕
式

答え

6 　西小学校は生徒数が540人で，体育館の面積は450m²です。東小学校は生徒数が728人で，体育館の面積は560m²です。それぞれの小学校で，全生徒が体育館に入ったとき，どちらの小学校の体育館のほうがこんでいますか。1m²あたりの人数でくらべましょう。〔10点〕
式

答え

7 たまきさんの家から図書館まで2.7kmあります。自転車で分速180mの速さで走ると，何分で行くことができますか。 〔10点〕

式

答え

8 えいたさんが入っているサッカーチームの人数は32人で，そのうちの12人が5年生です。5年生の人数は，チーム全体の人数の何％ですか。 〔10点〕

式

答え

9 こはるさんは，持っていたお金の35％を使って，140円の下じきを買いました。はじめに何円持っていましたか。 〔10点〕

式

答え

10 食塩が20gあります。これを230gの水にとかして250gの食塩水をつくりました。とかした食塩の重さは，食塩水全体の重さの何％になりますか。 〔10点〕

式

答え

11 赤い色紙と青い色紙があわせて57まいあります。赤い色紙の数は，青い色紙の数の2倍だそうです。赤い色紙と青い色紙は，それぞれ何まいありますか。 〔10点〕

式

答え

まちがえた問題は，もう一度やりなおしてみよう。

得点 　点

1 みかんが，1ふくろと4個あります。みかんの数は，全部で12個だそうです。1ふくろに何個入っていますか。1ふくろに入っているみかんの数を x 個として式に表し，答えを求めましょう。　〔10点〕

式　$x+4=12$
$x=12-4$
$x=$

答え▶

2 牛にゅうが1パックあります。3dL飲んだので，残りが7dLになりました。1パックに何dL入っていましたか。1パックの牛にゅうの量を x dLとして式に表し，答えを求めましょう。　〔10点〕

式　$x-3=7$
$x=7+3$
$x=$

答え▶

3 かんなさんは，同じねだんのえん筆を3本買って，代金を180円はらいました。えん筆1本のねだんは何円ですか。えん筆1本のねだんを x 円として式に表し，答えを求めましょう。　〔10点〕

式　$x×3=180$
$x=180÷3$
$x=60$

答え▶

4 まわりの長さが26cmのひし形があります。1辺の長さは何cmですか。1辺の長さを x cmとして式に表し，答えを小数で求めましょう。　〔10点〕

式

答え▶

5 かんに入っていた油を5本のびんに同じ量ずつ入れたら，どのびんも3.6dLずつになりました。かんには，油が何dL入っていましたか。かんに入っていた油の量を x dLとして式に表し，答えを求めましょう。　〔10点〕

式

答え▶

6 お茶が1.8Lあります。このお茶を何Lか飲んだときの残りの量について考えます。

〔1問　8点〕

① 0.6L飲んだときの残りの量を求める式を書きましょう。

式

_____

② 1.4L飲んだときの残りの量を求める式を書きましょう。

式

_____

③ xL飲んだときの残りの量をyLとして、xとyの関係を式に表しましょう。

式

_____

7 正三角形の1辺の長さとまわりの長さの関係を考えます。

① 正三角形の1辺の長さを$x$cm、まわりの長さを$y$cmとして、まわりの長さを求める式を書きましょう。　　〔8点〕

式

_____

② xが4のときのyの値を求め、まわりの長さを答えましょう。　〔9点〕

式

答え _____

③ yが42のときのxの値を求め、1辺の長さを答えましょう。　〔9点〕

式

答え _____

xやyを使って式に表すことができたかな。

得点 　　　点

月　日　名前

1 次のときの x と y の関係を式に表しましょう。　　　〔1問　5点〕

① 30gのふくろに，x gの食塩を入れます。合計の重さは y gです。

式　$30 + x = y$

② x 円のりんごを買って，300円はらいました。おつりは y 円です。

式　　　　　　　　　$= y$

③ x mのテープのうち，2.5m使いました。残りのテープは y mです。

式

④ 1さつ450円の本を，x さつ買いました。代金は y 円です。

式

⑤ たての長さが x cm，横の長さが9cmの長方形があります。面積は y cm²です。

式

x cm

9cm

⑥ 底辺が x cm，高さが8cmの平行四辺形があります。面積は y cm²です。

式

高さ
8cm

底辺 x cm

⑦ 70cmのリボンを，同じ長さずつ x 人に分けます。1人分は y cmです。

式

⑧ x Lの油を，5本のびんに同じ量ずつ入れました。1本あたりの油の量は y Lです。

式

2　70円のえん筆を何本かと，80円の消しゴムを1個買います。えん筆の本数と代金の関係について考えます。　〔1問　10点〕

①　えん筆の本数を x 本として，全部の代金を求める式を書きましょう。

式 _____

②　えん筆の本数を x 本，全部の代金を y 円として，x と y の関係を式に表しましょう。

式 _____

③　500円では，80円の消しゴム1個と，70円のえん筆を何本まで買うことができますか。

式

答え ▶ _____

3　下の図のようなたて x cm，横8cm，高さ4cmの直方体があります。　〔1問　10点〕

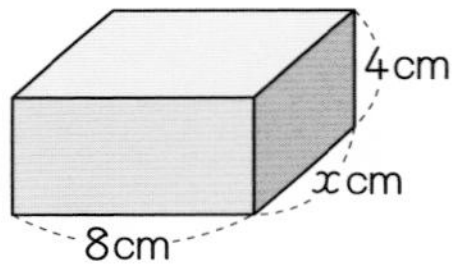

たて×横×高さ＝直方体の体積

①　たての長さを x cm，体積を y cm³ として，x と y の関係を式に表しましょう。

式 _____

②　x が5のときの y の値を求め，体積を答えましょう。

式

答え ▶ _____

③　y が192のときの x の値を求め，たての長さを答えましょう。

式

答え ▶ _____

x や y を使って式に表すことができたかな。

得点 ☐ 点

1 1ふくろに食塩が3kg入っています。この食塩5ふくろ分の重さは何kgですか。〔10点〕

式

1ふくろの重さ		ふくろの数		全体の重さ
3	×	5	=	15

答え _____

2 1ふくろに食塩が$\frac{3}{4}$kg入っています。この食塩5ふくろ分の重さは何kgですか。〔10点〕

式

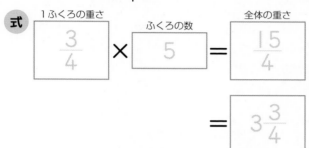

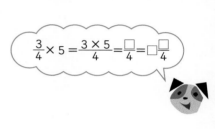

$$\frac{3}{4} \times 5 = \frac{3 \times 5}{4} = \frac{\square}{4} = \square\frac{\square}{4}$$

$$= 3\frac{3}{4}$$

答え _____

3 1本のテープを$\frac{1}{6}$mずつに切ったらちょうど7本できました。もとの長さは何mですか。〔10点〕

式

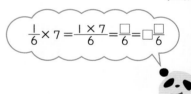

$$\frac{1}{6} \times 7 = \frac{1 \times 7}{6} = \frac{\square}{6} = \square\frac{\square}{6}$$

答え _____

4 6人の子どもにねん土を$\frac{3}{5}$kgずつ配りました。配ったねん土は全部で何kgですか。〔10点〕

式

答え _____

5 3本のびんに，ジュースが1$\frac{1}{5}$Lずつ入っています。ジュースは全部で何Lありますか。〔10点〕

式

答え _____

6 ペンキが5dLあります。1dLでかべを$1\frac{2}{7}$m²ぬることができます。ペンキを全部使うと何m²のかべをぬることができますか。 〔10点〕

式

答え

7 はるとさんの家では，1日に牛にゅうを$\frac{3}{4}$L飲みます。6日間では何Lの牛にゅうが必要ですか。 〔10点〕

式

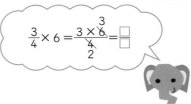

$$\frac{3}{4} \times 6 = \frac{3 \times \overset{3}{6}}{\underset{2}{4}} = \frac{\square}{\square}$$

答え

8 1辺の長さが$\frac{3}{4}$mの正方形があります。この正方形のまわりの長さは何mですか。 〔10点〕

式

答え

9 12人の子どもに$\frac{5}{8}$mずつひもを配ります。ひもは全部で何mあればよいですか。 〔10点〕

式

答え

10 1ふくろに$1\frac{3}{5}$kgずつ米が入っています。10ふくろ分の重さは何kgですか。 〔10点〕

式

答え

分数×整数の問題だよ。計算のとちゅうで約分できるものは約分しよう。

得点　　点

1 同じかんづめセット3箱の重さをはかったら12kgでした。このかんづめセット1箱の重さは何kgですか。〔10点〕

式
全体の重さ		かんづめセットの数		1箱分の重さ
	÷		=	

答え

2 同じ魚のかんづめ3個の重さをはかったら$\frac{7}{10}$kgでした。このかんづめ1個の重さは何kgですか。〔10点〕

式
全体の重さ		かんづめの数		1個分の重さ
$\frac{7}{10}$	÷	3	=	$\frac{7}{30}$

$$\frac{7}{10} \div 3 = \frac{7}{10} \times \frac{1}{3} = \frac{\square}{\square}$$

答え

3 2mの重さが$\frac{5}{7}$kgの鉄のぼうがあります。この鉄のぼう1mの重さは何kgですか。

式　　　〔10点〕

答え

4 4dLのペンキで$\frac{5}{6}$m²のかべをぬることができます。このペンキ1dLでは何m²のかべをぬることができますか。〔10点〕

式

答え

5 ジュースが1$\frac{3}{5}$Lあります。これを3人で同じ量ずつ分けました。1人分のジュースは何Lになりますか。〔10点〕

式

答え

6 さとうが $\frac{2}{5}$kg あります。これを3つのふくろに同じ重さになるように分けて入れます。1つのふくろのさとうの重さは何kgになりますか。　　　　　〔10点〕

式

$$\frac{2}{5} \div 3 = \frac{2}{5} \times \frac{1}{3} = \frac{\square}{\square}$$

答え

7 牛にゅうが $\frac{8}{9}$L あります。これを4本のびんに同じ量ずつ分けて入れます。1本のびんに何L 入れればよいですか。　　　　　〔10点〕

式

$$\frac{8}{9} \div 4 = \frac{\overset{2}{8}}{9} \times \frac{1}{\underset{1}{4}} = \frac{\square}{\square}$$

答え

8 3mの重さが $\frac{6}{7}$kg のアルミのパイプがあります。このアルミのパイプ1mの重さは何kg ですか。　　　　　〔10点〕

式

答え

9 5人で $\frac{3}{4}$kg のねん土を同じ重さずつ分けました。1人分のねん土の重さは何kgになりましたか。　　　　　〔10点〕

式

答え

10 おもちゃのロボットが6秒間に $2\frac{2}{9}$m 動きました。1秒間に何m動いたことになりますか。　　　　　〔10点〕

式

答え

12

分数÷整数の問題だね。計算のとちゅうで約分できるものは約分しよう。

得点　　　点

1　1分間に5Lの水がわき出るいずみがあります。4分間には何Lの水がわき出ることになりますか。〔10点〕

式
1分間にわき出る量	時　間	全体の量
	×	=

答え

2　1分間に7Lの水がわき出るいずみがあります。$\frac{5}{6}$分間には何Lの水がわき出ることになりますか。〔10点〕

式

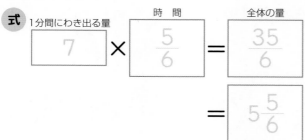

1分間にわき出る量 × 時間 = 全体の量

$7 \times \frac{5}{6} = \frac{7 \times 5}{6} = \frac{\square}{6} = \square \frac{\square}{6}$

$= 5\frac{5}{6}$

答え

3　ペンキ1Lで6m²の板をぬることができます。$\frac{3}{5}$Lでは，何m²の板をぬることができますか。〔10点〕

式

答え

4　しおりさんは，1mが80円のリボンを持っています。このリボンの$\frac{3}{4}$mのねだんは何円ですか。〔10点〕

式

答え

5　だいきさんは，1分間に9Lの水が出るホースで池に水を入れています。$\frac{4}{5}$分間には，何Lの水が池に入ることになりますか。〔10点〕

式

答え

6 1mの重さが4kgの鉄のぼうがあります。この鉄のぼう1$\frac{2}{3}$mの重さは何kgですか。

〔10点〕

式

答え

7 1mのねだんが320円のリボンがあります。このリボン$\frac{3}{4}$mのねだんは何円ですか。

〔10点〕

式

答え

8 花だん1m²あたりに30gをまけばよい肥料があります。$\frac{5}{6}$m²の花だんに肥料をまくには，肥料は何gあればよいですか。

〔10点〕

式

答え

9 みおさんは，1kgが500円の豆を1$\frac{3}{4}$kg買いました。豆の代金はいくらですか。

〔10点〕

式

答え

10 りくとさんのお父さんは，1mが300円のホースを3$\frac{5}{6}$m買いました。全部で何円はらいましたか。

〔10点〕

式

答え

整数×分数の問題だよ。計算のとちゅうで約分できるものは約分しよう。

得点 　　　点

1 1mの重さが$\frac{2}{7}$kgの鉄のぼうがあります。この鉄のぼう3mの重さは何kgですか。

〔10点〕

式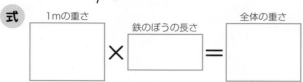

| 1mの重さ | × | 鉄のぼうの長さ | = | 全体の重さ |

答え _____

2 1mの重さが$\frac{2}{3}$kgの鉄のぼうがあります。この鉄のぼう$\frac{4}{5}$mの重さは何kgですか。

〔10点〕

式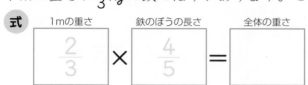

| $\frac{2}{3}$ | × | $\frac{4}{5}$ | = | |

$$\frac{2}{3} \times \frac{4}{5} = \frac{2 \times 4}{3 \times 5} = \frac{\square}{\square}$$

答え _____

3 1mの重さが$\frac{1}{8}$kgのはり金があります。このはり金$\frac{3}{7}$mの重さは何kgですか。〔10点〕

式

答え _____

4 1m³の空気の中に，酸素が約$\frac{1}{5}$m³ふくまれています。空気$1\frac{3}{4}$m³の中には，約何m³の酸素がふくまれていますか。

〔10点〕

式

答え _____

5 たて$1\frac{1}{5}$m，横$\frac{1}{2}$mの長方形の板があります。この板の面積は何m²ですか。　〔10点〕

式

答え _____

6 1dLのペンキで$\frac{3}{5}$m²のかべをぬることができます。このペンキ$\frac{2}{3}$dLでは、何m²のかべをぬることができますか。　　　　〔10点〕

式

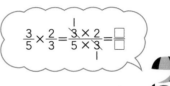

$$\frac{3}{5} \times \frac{2}{3} = \frac{\overset{1}{3} \times 2}{5 \times \underset{1}{3}} = \frac{\square}{\square}$$

答え _____

7 1分間に$\frac{4}{5}$m³のわき水が出るいずみがあります。$\frac{3}{4}$分間には、何m³の水が出ますか。　　　〔10点〕

式

答え _____

8 1mの重さが$\frac{3}{5}$kgのアルミのパイプがあります。このアルミのパイプ$2\frac{2}{9}$mの重さは何kgですか。　　　〔10点〕

式

答え _____

9 たて$1\frac{7}{9}$m、横$\frac{3}{4}$mの大きな長方形の厚紙があります。この厚紙の面積は何m²ですか。　　　〔10点〕

式

答え _____

10 1分間に$1\frac{5}{7}$mずつ進むおもちゃのロボットがあります。$1\frac{1}{6}$分間には、何m進みますか。　　　〔10点〕

式

答え _____

分数×分数の問題だよ。計算のとちゅうで約分できるものは約分しよう。

得点　　　点

始め >>
時　　分
>> 終わり
時　　分

むずかしさ
★★

月　日　名前

1 みさきさんの家では，きょう牛にゅうを $\frac{1}{6}$ L 使いました。ただしさんの家では，みさきさんの家で使った牛にゅうの量の2倍使いました。ただしさんの家で使った牛にゅうの量は何 L ですか。 〔10点〕

式

答え ＿＿＿＿＿＿＿＿＿＿

2 あんなさんは，ねん土を2kg持っています。りくとさんは，あんなさんの $\frac{1}{4}$ 倍持っています。りくとさんは，ねん土を何kg持っていますか。 〔10点〕

式

答え ＿＿＿＿＿＿＿＿＿＿

3 みなとさんは，ボール投げで36m投げました。ひまりさんは，みなとさんの $\frac{2}{3}$ 倍投げました。ひまりさんは何m投げましたか。 〔10点〕

式

答え ＿＿＿＿＿＿＿＿＿＿

4 白いテープが $\frac{3}{4}$ mあります。赤いテープはその $\frac{5}{6}$ 倍あります。赤いテープの長さは何mですか。 〔10点〕

式 $\frac{3}{4} \times \frac{5}{6} =$

答え ＿＿＿＿＿＿＿＿＿＿

5 そうたさんは，ねん土を $\frac{4}{5}$ kg持っています。弟は，そうたさんの $\frac{2}{3}$ 倍持っています。弟は，ねん土を何kg持っていますか。 〔10点〕

式

答え ＿＿＿＿＿＿＿＿＿＿

6 赤いペンキが$\frac{7}{8}$Lあります。青いペンキは，赤いペンキの$2\frac{1}{4}$倍あります。青いペンキは何Lありますか。 〔10点〕

式

答え

7 ゆうまさんの学校の児童数は360人で，ももかさんの学校の児童数はその$\frac{3}{5}$倍だそうです。ももかさんの学校の児童数は何人ですか。 〔10点〕

式

答え

8 あおいさんは，リボンを$\frac{9}{14}$m持っています。かのんさんはあおいさんの$2\frac{1}{3}$倍持っています。かのんさんは，リボンを何m持っていますか。 〔10点〕

式

答え

9 いつきさんの家ではぶどうが$3\frac{1}{5}$kgとれました。こはるさんの家では，いつきさんの家でとれたぶどうの$\frac{5}{6}$倍とれたそうです。こはるさんの家では，何kgのぶどうがとれましたか。 〔10点〕

式

答え

10 はり金が$1\frac{3}{7}$mあります。ひもは，はり金の$2\frac{5}{8}$倍あるそうです。ひもの長さは何mですか。 〔10点〕

式

答え

まちがえた問題は，もう一度やりなおしてみよう。

得点 　点

月　日　名前

1 おふろに水を入れています。3分間に10Lの水が入ります。1分間では何Lの水が入りますか。〔10点〕

式 $10 \div 3 =$

答え _____

2 おふろに水を入れています。$\frac{3}{5}$分間に10Lの水が入ります。1分間では何Lの水が入りますか。〔10点〕

式 $10 \div \frac{3}{5} =$

答え _____

3 ペンキでかべをぬっています。$\frac{1}{3}$Lのペンキで，2m²のかべをぬることができます。このペンキ1Lでは，何m²のかべをぬることができますか。〔10点〕

式

答え _____

4 油を買おうと思います。油は$\frac{3}{5}$Lで450円です。この油1Lではいくらですか。

式　〔10点〕

答え _____

5 くりを$1\frac{4}{5}$kg買ったら900円でした。このくり1kgのねだんはいくらですか。〔10点〕

式

答え _____

6 2mの重さが$\frac{5}{8}$kgの鉄のぼうがあります。この鉄のぼう1mの重さは何kgですか。

〔10点〕

式 $\frac{5}{8} \div 2 =$

答え _____

7 $\frac{2}{5}$mの重さが$\frac{3}{8}$kgの鉄のぼうがあります。この鉄のぼう1mの重さは何kgですか。

〔10点〕

式 $\frac{3}{8} \div \frac{2}{5} =$

答え _____

8 $\frac{5}{8}$dLのペンキで，$\frac{2}{3}$m²の板をぬることができます。このペンキ1dLでは，何m²の板をぬることができますか。

〔10点〕

式

答え _____

9 長さが$1\frac{2}{5}$mで，重さが$\frac{7}{10}$kgのアルミのパイプがあります。このアルミのパイプ1mの重さは何kgですか。

〔10点〕

式

答え _____

10 $3\frac{1}{8}$m²の畑に$3\frac{3}{4}$dLの肥料をまきました。この割合でまくと，この肥料1dLでは，何m²の畑にまくことができますか。

〔10点〕

式

答え _____

計算のとちゅうで約分できるものは約分して計算しているか，もう一度見なおしてみよう。

得点 _____ 点

始め 》》

時　　分

》終わり

時　　分

むずかしさ

★ ★

月　日　名前

1 テープが12mあります。2mずつ切り取ると、何本のテープができますか。〔10点〕

式

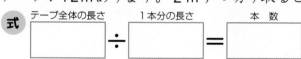

テープ全体の長さ　÷　1本分の長さ　＝　本　数

答え ＿＿＿＿＿＿＿＿＿＿＿

2 テープが7mあります。$\frac{1}{6}$mずつ切り取ると、何本のテープができますか。〔10点〕

式

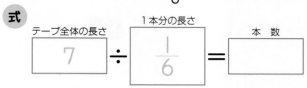

テープ全体の長さ 7　÷　1本分の長さ $\frac{1}{6}$　＝　本　数

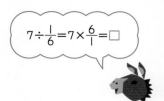

$7 \div \frac{1}{6} = 7 \times \frac{6}{1} = \square$

答え ＿＿＿＿＿＿＿＿＿＿＿

3 ビスケットが5kgあります。これを$\frac{1}{4}$kgずつふくろに入れていくと、何ふくろできますか。〔10点〕

式

答え ＿＿＿＿＿＿＿＿＿＿＿

4 リボンが6mあります。1本が$\frac{6}{5}$mのリボンを何本切り取ることができますか。

式　　　　　　　　　　　　　　　　　　　　　　　　　　　〔10点〕

答え ＿＿＿＿＿＿＿＿＿＿＿

5 ジュースが4Lあります。1つのコップに$\frac{2}{3}$Lずつ入れるには、コップは何個あればよいですか。〔10点〕

式

答え ＿＿＿＿＿＿＿＿＿＿＿

6 さとうが2kgあります。これを$\frac{1}{2}$kgずつかんに入れます。かんはいくつあればよいですか。 〔10点〕

式

答え

7 牛にゅうが2Lあります。毎日$\frac{1}{3}$Lずつ飲むと，何日で飲み終わりますか。 〔10点〕

式

答え

8 はり金が3mあります。1本が$\frac{3}{5}$mずつになるように切ると，全部で何本できますか。 〔10点〕

式

答え

9 お米を何人かで1$\frac{2}{3}$kgずつ持ってきたら，全部で15kgになりました。お米を持ってきた人は何人ですか。 〔10点〕

式

答え

10 ひもを何本かに切ったら，1本が1$\frac{1}{5}$mになりました。はじめにひもは18mあったそうです。ひもを何本に切りましたか。 〔10点〕

式

答え

22

整数÷分数の問題だね。わる数の分数の分母と分子を入れかえてから，わられる数にかけるんだね。

得点

点

1 しおりさんはテープを 8 m，つむぎさんは 2 m 持っています。しおりさんが持っているテープの長さは，つむぎさんが持っているテープの長さの何倍ですか。 〔10点〕

式

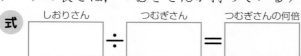

答え

2 はやとさんのお母さんは，料理をするのに牛にゅうをきのうは $\frac{3}{5}$ L，きょうは 3 L 使いました。きょうは，きのうの何倍使いましたか。 〔10点〕

式

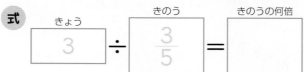

答え

3 白いねん土が 4 kg，緑色のねん土が $\frac{4}{5}$ kg あります。白いねん土は，緑色のねん土の何倍ありますか。 〔10点〕

式

答え

4 正方形の面積は 8 m²，長方形の面積は $\frac{8}{9}$ m² です。正方形の面積は，長方形の面積の何倍ですか。 〔10点〕

式

答え

5 あかりさんは，お父さんと草取りをしました。お父さんは 14 m²，あかりさんは $\frac{7}{8}$ m² の草を取りました。お父さんは，あかりさんの何倍の広さの草を取りましたか。 〔10点〕

式

答え

6 ジュースが2L，牛にゅうが$\frac{2}{3}$Lあります。ジュースの量は，牛にゅうの量の何倍ありますか。 〔10点〕

式

答え

7 ぶどうが$1\frac{4}{5}$kg，かきが18kgとれました。かきはぶどうの何倍とれましたか。 〔10点〕

式

答え

8 赤いテープが10m，白いテープが$\frac{3}{2}$mあります。赤いテープは，白いテープの何倍ありますか。 〔10点〕

式

答え

9 横の長さが2cmで，はばが$\frac{3}{4}$cmの線がたくさんかいてあります。横の長さは，はばの長さの何倍になっていますか。 〔10点〕

式

答え

10 大きな水とうには水が3L，小さな水とうには$2\frac{1}{4}$L入っています。大きな水とうに入っている水の量は，小さな水とうに入っている水の量の何倍ですか。 〔10点〕

式

答え

整数÷分数の問題だよ。まちがえた問題は，もう一度やりなおしておこう。

得点 　点

始め 》

時　　分

》 終わり

時　　分

むずかしさ

★ ★

月　日　名前

1 6kgの塩を $\frac{3}{10}$ kgずつふくろに入れます。$\frac{3}{10}$ kg入ったふくろは何ふくろできますか。〔10点〕

式

塩全体の重さ		1ふくろ分の重さ		ふくろの数
	÷		=	

答え

2 $\frac{3}{4}$ kgの塩を $\frac{1}{12}$ kgずつふくろに入れます。$\frac{1}{12}$ kg入ったふくろは何ふくろできますか。〔10点〕

式

塩全体の重さ		1ふくろ分の重さ		ふくろの数
$\frac{3}{4}$	÷	$\frac{1}{12}$	=	

$$\frac{3}{4} \div \frac{1}{12} = \frac{3}{\underset{1}{4}} \times \frac{\overset{3}{12}}{1} = \square$$

答え

3 $\frac{5}{6}$ mのテープを $\frac{5}{12}$ mずつ切ると，テープは何本できますか。〔10点〕

式

答え

4 $\frac{2}{3}$ mのぼうを $\frac{2}{15}$ mずつ切ると，ぼうは何本できますか。〔10点〕

式

答え

5 $\frac{4}{5}$ Lのジュースがあります。$\frac{4}{25}$ Lずつコップに分けて入れると，コップは何個いりますか。〔10点〕

式

答え

6 赤いひもが$\frac{15}{8}$mあります。これを$\frac{5}{16}$mずつ切ると，$\frac{5}{16}$mのひもは何本できますか。

〔10点〕

式

答え

7 ジュースが$\frac{9}{5}$Lあります。これを1人に0.3Lずつ分けると，何人に分けることができますか。

〔10点〕

式 $\frac{9}{5} \div 0.3 = \frac{9}{5} \div \frac{3}{10} =$

答え

8 くりが$1\frac{2}{3}$kgあります。これを1人に$\frac{5}{9}$kgずつ分けます。何人に分けることができますか。

〔10点〕

式

答え

9 $1\frac{1}{4}$kgのさとうを$\frac{5}{8}$kgずつふくろに入れます。$\frac{5}{8}$kgずつ入ったふくろは何ふくろできますか。

〔10点〕

式

答え

10 たこ糸が$7\frac{1}{2}$mあります。これを$1\frac{1}{4}$mずつ切ると，$1\frac{1}{4}$mのたこ糸は何本できますか。

〔10点〕

式

答え

分数÷分数の問題だね。**7**は小数を分数になおしてから計算するよ。計算のとちゅうで約分できるものは約分しよう。

得点 　　点

1 うさぎとねこの赤ちゃんがいます。うさぎの赤ちゃんの体重は$\frac{4}{5}$kg, ねこの赤ちゃんは$\frac{3}{5}$kgあるそうです。ねこの赤ちゃんの体重は, うさぎの赤ちゃんの体重の何倍ですか。

〔10点〕

式
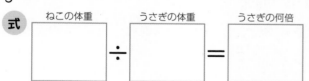

答え _____

2 牛にゅうが$\frac{6}{7}$L, ジュースが$\frac{15}{14}$Lあります。牛にゅうはジュースの何倍ありますか。

式

〔10点〕

答え _____

3 白いねん土が$\frac{2}{3}$kg, 緑色のねん土が0.8kgあります。白いねん土は, 緑色のねん土の何倍ありますか。

〔10点〕

> 小数は分数になおしてから計算しよう。

式

答え _____

4 正方形の面積は$\frac{3}{8}$m²で, 長方形の面積の$\frac{1}{3}$倍です。長方形の面積は何m²ですか。

式

〔10点〕

答え _____

5 かべにペンキをぬっています。お父さんはさくらさんの$1\frac{1}{6}$倍の面積のかべをぬったそうです。お父さんは$\frac{7}{9}$m²ぬりました。さくらさんのぬった面積は何m²ですか。〔10点〕

式

答え _____

6 $\frac{7}{8}$kgのかぼちゃと$\frac{4}{7}$kgのメロンがあります。かぼちゃは，メロンの重さの何倍ですか。

〔10点〕

式

答え

7 ジュースが$1\frac{4}{5}$L，ミルクが$\frac{2}{7}$Lあります。ジュースの量は，ミルクの量の何倍ありますか。

〔10点〕

式

答え

8 赤いテープが$1\frac{5}{7}$m，白いテープが$\frac{4}{9}$mあります。白いテープは，赤いテープの何倍の長さですか。

〔10点〕

式

答え

9 赤いテープが$\frac{8}{15}$mあります。白いテープの長さは$3\frac{1}{9}$mです。白いテープの長さは，赤いテープの長さの何倍ですか。

〔10点〕

式

答え

10 大きな水とうには水が$2\frac{6}{7}$L，小さな水とうには$1\frac{11}{14}$L入っています。大きな水とうに入っている水の量は，小さな水とうに入っている水の量の何倍ですか。

〔10点〕

式

答え

まちがえた問題は，もう一度やりなおしてみよう。

得点

点

1　ゆいさんは，1mが300円のホースを $\frac{4}{5}$ m買いました。500円玉を出すと，おつりはいくらになりますか。　〔10点〕

式　$500 - 300 \times \frac{4}{5} =$

答え

2　かのんさんは，1mが200円のリボンを $\frac{3}{4}$ m買いました。500円玉を出すと，おつりは何円になりますか。　〔10点〕

式

答え

3　5mのテープから，1本が $\frac{5}{6}$ mのテープを4本切り取りました。切り取ったあとの残りのテープの長さは何mですか。　〔10点〕

式

答え

4　ジュースが1Lあります。ただしさんと弟の2人は，それぞれ $\frac{2}{5}$ Lずつ飲みました。ジュースは，あと何L残っていますか。　〔10点〕

式

答え

5　1mの重さが $\frac{1}{5}$ kgのはり金が6mあります。工作で1m使いました。残りのはり金の重さは何kgですか。　〔10点〕

式

答え

6 あさひさんは，1kgが400円のくりを$\frac{7}{10}$kgと，1kgが600円のみかんを$\frac{3}{5}$kg買いました。代金は全部で何円になりますか。　　〔10点〕

式

答え

7 いちかさんは，1kgが500円のみかんを$1\frac{3}{4}$kgと，1kgが1200円のぶどうを$\frac{4}{5}$kg買いました。代金は全部で何円になりますか。　　〔10点〕

式

答え

8 1mの重さが$\frac{7}{8}$kgの鉄のぼうが20mと，1mの重さが$1\frac{3}{10}$kgの鉄のぼうが15mあります。鉄のぼうは全部で何kgになりますか。　　〔10点〕

式

答え

9 ひかりさんは，1mが180円のテープと，1mが240円のテープをそれぞれ$\frac{5}{6}$mずつ買いました。代金は全部で何円になりますか。　　〔10点〕

式

答え

10 ゆうとさんは，下の図のような長方形の板にペンキをぬりました。板の面積は，全部で何m²ですか。　　〔10点〕

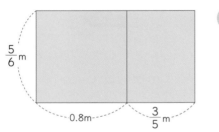

式

答え

分数のかけ算を使った問題だよ。式をきちんとたててから計算しよう。

得点　　点

月 日 名前

1 あらたさんのお父さんの運転する自動車は，45kmの道のりを$\frac{3}{4}$時間で走りました。時速何kmで走ったことになりますか。 〔10点〕

式

道のり		時間		速さ
	÷		=	

答え _____

2 あらたさんのお父さんの運転する自動車は，45kmの道のりを45分で走りました。時速何kmで走ったことになりますか。時間を分数で表して式に書き，答えを求めましょう。 〔10点〕

式

道のり		時間		速さ
45	÷	$\frac{45}{60}$	=	

45分＝$\frac{45}{60}$時間

答え _____

3 みつきさんの家からおじさんの家までの道のりは24kmです。40分で行くには時速何kmで行けばよいですか。時間を分数で表して式に書き，答えを求めましょう。〔10点〕

式

40分＝$\frac{□}{60}$時間

答え _____

4 となり町まで4kmある道のりを，そうまさんは自転車で20分かかりました。自転車は時速何kmで走ったことになりますか。時間を分数で表して式に書き，答えを求めましょう。 〔10点〕

式

答え _____

5 だいちさんは1周150mある池のまわりを24秒で走りました。だいちさんは分速何mで走ったことになりますか。時間を分数で表して式に書き，答えを求めましょう。 〔10点〕

式

24秒＝$\frac{24}{60}$分

答え _____

6 ゆうなさんは100mを18秒で走りました。ゆうなさんは分速何mで走ったことになりますか。時間を分数で表して式に書き，答えを求めましょう。　〔10点〕

式

18秒＝$\frac{□}{60}$分

答え _____

7 1000kmのきょりを，ある飛行機が1時間20分で飛びました。この飛行機は時速何kmで飛んだことになりますか。時間を分数で表して式に書き，答えを求めましょう。

式 1時間20分＝80分＝　　　時間　〔10点〕

答え _____

8 40kmの道のりを，自動車で1時間15分かけて走りました。この自動車は時速何kmで走ったことになりますか。時間を分数で表して式に書き，答えを求めましょう。　〔10点〕

式

答え _____

9 つよしさんの乗った貸し切りバスは，105kmを2時間20分で走りました。バスは時速何kmで走ったことになりますか。時間を分数で表して式に書き，答えを求めましょう。　〔10点〕

式

答え _____

10 さくらさんのお父さんは，自動車でいなかに行きました。100kmの道のりを2時間15分かかりました。さくらさんのお父さんの自動車は，時速何kmで走ったことになりますか。時間を分数で表して式に書き，答えを求めましょう。　〔10点〕

式

答え _____

©くもん出版

道のり÷時間＝速さ　だね。帯分数は仮分数になおしてから計算しよう。

得点　　　点

1 時速60kmで電車が走っています。45分間に進む道のりは何kmですか。時間を分数で表して式に書き，答えを求めましょう。　〔10点〕

式

速さ □ × 時間 □ ＝ 道のり □

45分＝$\frac{□}{60}$時間

答え＿＿＿＿＿＿＿＿＿

2 はなさんは自転車に乗って，時速13kmでおばさんの家へ行きました。かかった時間は50分です。おばさんの家までの道のりは何kmありますか。時間を分数で表して式に書き，答えを求めましょう。　〔10点〕

式

答え＿＿＿＿＿＿＿＿＿

3 特急列車が時速80kmで1時間45分走りました。進んだ道のりは何kmですか。時間を分数で表して式に書き，答えを求めましょう。　〔10点〕

式

答え＿＿＿＿＿＿＿＿＿

4 時速40kmのオートバイが1時間24分走ると，進む道のりは何kmですか。時間を分数で表して式に書き，答えを求めましょう。　〔10点〕

式

答え＿＿＿＿＿＿＿＿＿

5 かいとさんは時速$\frac{15}{4}$kmの速さで歩きます。かいとさんは，家を出て駅まで25分かかりました。かいとさんの家から駅までの道のりは何kmありますか。時間を分数で表して式に書き，答えを求めましょう。　〔10点〕

式

答え＿＿＿＿＿＿＿＿＿

6 時速40kmの電車が34kmの道のりを走りました。かかった時間は何分ですか。　〔10点〕

式

道のり		速さ（時速）		時間（時）
34	÷	40	=	$\frac{17}{20}$

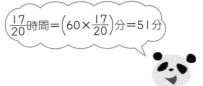
$\frac{17}{20}$時間＝$\left(60×\frac{17}{20}\right)$分＝51分

$\frac{17}{20}$時間＝　　　分

答え

---

7 時速480kmの飛行機が880kmのきょりを飛行しました。かかった時間は何時間何分ですか。　〔10点〕

式

$1\frac{5}{6}$時間＝1時間＋$\left(60×\frac{5}{6}\right)$分
　　　　＝1時間□分

答え

---

8 しおりさんは，自転車で6kmの道のりを分速$\frac{3}{14}$kmで進みました。かかった時間は何分ですか。　〔10点〕

式

道のり		速さ（分速）		時間（分）
	÷		=	

答え

---

9 まさとさんは，時速$\frac{15}{4}$kmの速さで2kmの道のりを歩きました。かかった時間は何分ですか。　〔10点〕

式

答え

---

10 自転車が時速$\frac{55}{4}$kmの速さで走っています。11kmを走るのに何分かかりますか。　〔10点〕

式

答え

速さ×時間＝道のり，道のり÷速さ＝時間　だね。計算のとちゅうで約分できるものは約分してから計算しよう。

得点　　　点

月　日　名前

1　姉にリボンを $\frac{3}{4}$ m，妹にリボンを $\frac{2}{3}$ m分けました。姉のリボンの長さは，妹のリボンの長さの何倍ですか。　〔10点〕

式

答え

2　姉にテープを $\frac{3}{4}$ m，妹にテープを $\frac{2}{3}$ m分けました。姉のテープの長さは，妹のテープの長さをもとにすると，どれだけの割合ですか。　〔10点〕

式

答え

3　下の長方形で，横の長さは，たての長さをもとにすると，どれだけの割合ですか。　〔10点〕

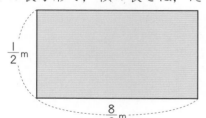

式

答え

4　ゆうたさんの家では，$\frac{4}{5}$ kgあった米をきょう $\frac{2}{5}$ kg使いました。残りの米の重さは，はじめにあった米の重さのどれだけの割合ですか。　〔10点〕

式

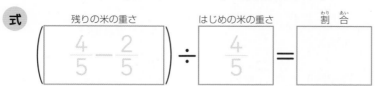

答え

5　$\frac{5}{6}$ mの長さの竹のうち，$\frac{1}{6}$ m使いました。残りの竹の長さは，はじめにあった竹の長さのどれだけの割合ですか。　〔10点〕

式

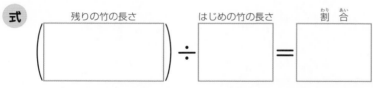

答え

6 ジュースが $\frac{3}{4}$ L ありました。きょう $\frac{1}{4}$ L 飲みました。残りのジュースの量は，はじめにあったジュースの量のどれだけの割合ですか。〔10点〕

式

答え

7 ひなたさんは $\frac{2}{5}$ L，妹は $\frac{1}{3}$ L のジュースを飲みました。ひなたさんが飲んだジュースの量は，2人で飲んだジュースの量のどれだけの割合ですか。〔10点〕

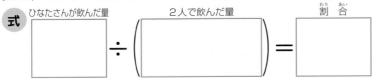

答え

8 はるとさんは $\frac{1}{2}$ m，そうまさんは $\frac{1}{3}$ m のはり金を使いました。はるとさんが使ったはり金の長さは，2人で使ったはり金の長さのどれだけの割合ですか。〔10点〕

式

答え

9 しょう油を大きなびんに $\frac{3}{5}$ L，小さなびんに $\frac{1}{4}$ L 入れました。小さなびんに入っているしょう油の量は，しょう油全部の量のどれだけの割合ですか。〔10点〕

式

答え

10 さとうを大きな入れ物に $\frac{3}{8}$ kg，小さな入れ物に $\frac{1}{4}$ kg 入れました。小さな入れ物に入っているさとうの重さは，さとう全部の重さのどれだけの割合ですか。〔10点〕

式

答え

割合を求める問題だよ。まちがえたら，もう一度やりなおしてみよう。

得点　　点

月　日　名前

1　大人と子どもがあわせて120人います。子どもは，全体の$\frac{3}{4}$倍です。子どもは何人いますか。　〔10点〕

式

答え

2　ジュースと牛にゅうがあります。ジュースは2Lで，牛にゅうはその$\frac{3}{4}$にあたります。牛にゅうは何Lありますか。　〔10点〕

式

答え

3　りょうまさんは，全部で240ページの物語の本を読んでいます。きょうまでに，全体の$\frac{3}{8}$にあたるページを読みました。りょうまさんは，この本を何ページ読みましたか。　〔10点〕

式

答え

4　ジュースと牛にゅうがあります。ジュースは$\frac{3}{4}$Lで，牛にゅうはその$\frac{2}{3}$にあたります。牛にゅうは何Lありますか。　〔10点〕

式　$\frac{3}{4} \times \frac{2}{3} =$

答え

5　みさきさんはテープを$\frac{4}{5}$m持っています。妹はみさきさんの$\frac{1}{2}$の長さを持っています。妹の持っているテープの長さは何mですか。　〔10点〕

式

答え

6 りつさんの学校の６年生で，算数が好きと答えた人は90人いました。これは６年生全体の人数の $\frac{3}{4}$ 倍です。りつさんの学校の６年生全体の人数は何人ですか。 〔10点〕

式 $90 \div \frac{3}{4} =$

答え

7 ジュースと牛にゅうがあります。牛にゅうは３Ｌで，これはジュースの量の $\frac{3}{4}$ にあたります。ジュースは何Ｌありますか。 〔10点〕

式

答え

8 つむぎさんの身長は144cmで，お姉さんの身長の $\frac{9}{10}$ にあたります。お姉さんの身長は何cmですか。 〔10点〕

式

答え

9 ジュースと牛にゅうがあります。牛にゅうは $\frac{4}{7}$ Ｌで，これはジュースの量の0.8にあたります。ジュースは何Ｌありますか。 〔10点〕

式 $\frac{4}{7} \div 0.8 = \frac{4}{7} \div \frac{4}{5} =$

答え

10 ある入れ物に入る水の体積の $\frac{2}{3}$ まで水を入れると，水は $\frac{8}{9}$ Ｌ入ります。この入れ物に入る水の体積は，何Ｌですか。 〔10点〕

式

答え

分数を使った割合の問題だよ。

得点 　点

1 下の表は，あるクラスの1班と2班の反復横とびの記録を表したものです。〔1問 8点〕

反復横とびの記録

1班(回)	48	38	42	50	52	47	43	48	
2班(回)	39	46	51	44	49	38	41	47	50

① 1班のデータの平均値を求めましょう。

式

答え

② 2班のデータの平均値を求めましょう。

式

答え

③ 平均値でくらべると，1班と2班では，どちらの記録がよいといえますか。

答え

2 下のドットプロットは，あるクラスの漢字の小テストの結果を表したものです。

〔1問 8点〕

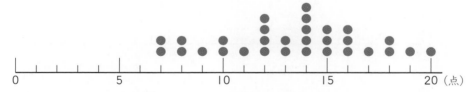

0   5   10   15   20 (点)

① 点数が12点の人は，何人いますか。

答え

② 点数が16点以上の人は，何人いますか。

答え

③ いちばん高い点数は，何点ですか。

答え

3 下の表は，あるクラスの1班と2班のソフトボール投げの記録を表したものです。

1班のソフトボール投げの記録(m)

23	24	30	40	32
19	28	19	26	16
21	14	28	37	23
33	25	24	21	22

2班のソフトボール投げの記録(m)

23	36	24	30	29
34	25	29	24	33
24	25	23	22	26
27	24	19	25	

① 1班のデータの平均値を，$\frac{1}{10}$の位までのがい数で求めましょう。 〔10点〕

式

答え _____

② 2班のデータの平均値を，$\frac{1}{10}$の位までのがい数で求めましょう。 〔10点〕

式

答え _____

③ 次のドットプロットは，1班のデータを表したものです。2班のデータをドットプロットに表しましょう。 〔12点〕

1班

2班

④ ③のドットプロットで，1班と2班のそれぞれの平均値を表すところに，↑を書きましょう。 〔それぞれ 5点〕

⑤ 1班と2班のそれぞれで，いちばんよい記録は何mですか。 〔それぞれ 5点〕

1班 答え _____

2班 答え _____

©くもん出版

ドットプロットに表すと，ちらばりの様子がよくわかるね。

得点　　点

40

1 下の表は，あるクラスの通学時間を調べてまとめたものです。　　〔1問　8点〕

通学時間(分)

12	20	15	5	13	11	15	25	10	12
14	9	13	18	10	22	14	8	15	

① 平均値を，$\frac{1}{10}$の位までのがい数で求めましょう。

式

答え

② データの中で最も多く出てくる値(最頻値)を求めましょう。

答え

③ データの値を小さい順にならべたときの中央の値(中央値)を求めましょう。

答え

2 下のドットプロットは，あるクラスのソフトボール投げの記録を表したものです。

〔1問　8点〕

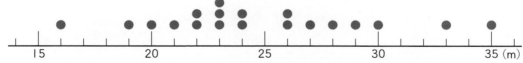

① ソフトボール投げの記録が30m以上の人は，何人いますか。

答え

② 最頻値を求めましょう。

答え

③ 中央値を求めましょう。

答え

3 下のドットプロットは，6年生の1組と2組の，1週間の読書時間を調べてまとめたものです。

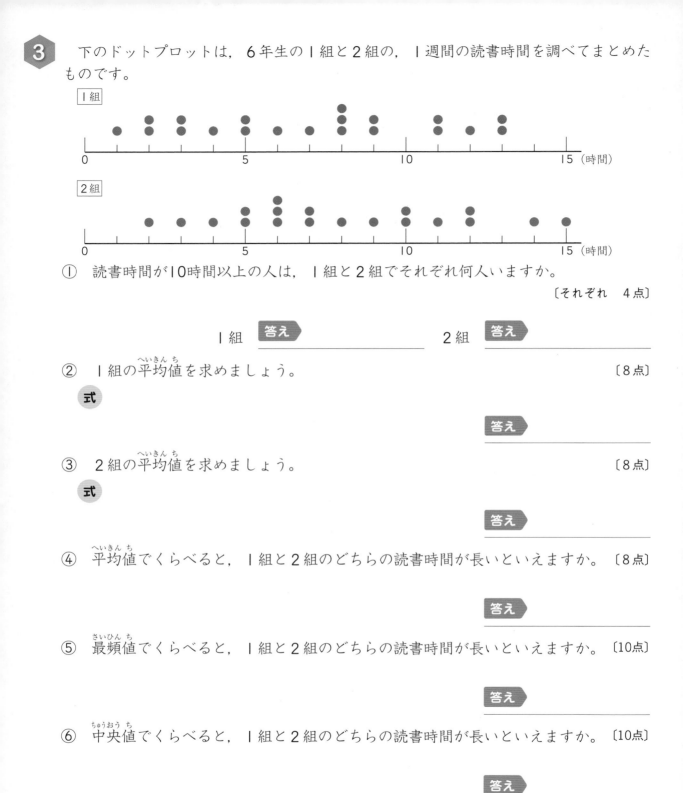

① 読書時間が10時間以上の人は，1組と2組でそれぞれ何人いますか。

〔それぞれ　4点〕

1組　答え＿＿＿＿＿＿＿＿　　2組　答え＿＿＿＿＿＿＿＿

② 1組の平均値を求めましょう。　〔8点〕

式

答え＿＿＿＿＿＿＿＿

③ 2組の平均値を求めましょう。　〔8点〕

式

答え＿＿＿＿＿＿＿＿

④ 平均値でくらべると，1組と2組のどちらの読書時間が長いといえますか。〔8点〕

答え＿＿＿＿＿＿＿＿

⑤ 最頻値でくらべると，1組と2組のどちらの読書時間が長いといえますか。〔10点〕

答え＿＿＿＿＿＿＿＿

⑥ 中央値でくらべると，1組と2組のどちらの読書時間が長いといえますか。〔10点〕

答え＿＿＿＿＿＿＿＿

最頻値や中央値は代表値の1つだよ。平均値とあわせてかくにんしておこう。

得点　　点

1 下の記録は，あるクラスの1班と2班のソフトボール投げの結果を表したものです。

〔1問　8点〕

1班

番号	記録(m)	番号	記録(m)	番号	記録(m)
1	14	5	34	9	26
2	29	6	19	10	23
3	35	7	41	11	31
4	33	8	23		

2班

番号	記録(m)	番号	記録(m)	番号	記録(m)
1	24	5	40	9	24
2	18	6	25	10	32
3	22	7	33	11	28
4	24	8	37	12	23

① 右の表は，1班の記録を度数分布表に表したものです。この表では，きょりを何mごとに区切っていますか。

答え

② ①の表で，20mの記録はどの階級に入りますか。

答え

③ ①の表で，いちばん度数が多いのは，どの階級ですか。

答え

ソフトボール投げ（1班）

きょり(m)	人数(人)
10以上〜15未満	1
15〜20	1
20〜25	2
25〜30	2
30〜35	3
35〜40	1
40〜45	1
合計	11

④ 2班の記録を，右の度数分布表に表します。それぞれの階級の度数を調べて，右の表に書きましょう。

「正」の字を書いて，数えると楽だよ。

⑤ ④の表で，20m以上25m未満の人は，何人いますか。

答え

⑥ ④の表で，30m以上の人は何人いますか。

答え

ソフトボール投げ（2班）

きょり(m)	人数(人)
10以上〜15未満	
15〜20	
20〜25	
25〜30	
30〜35	
35〜40	
40〜45	
合計	

② 下の表は，ある日の東小屋と西小屋のにわとりが産んだたまごの重さを記録したものです。

東小屋

番号	記録(g)	番号	記録(g)	番号	記録(g)
1	53	5	58	9	48
2	58	6	60	10	63
3	65	7	67	11	57
4	53	8	62	12	55

西小屋

番号	記録(g)	番号	記録(g)	番号	記録(g)
1	52	5	63	9	74
2	54	6	69	10	46
3	63	7	64	11	68
4	55	8	47		

① 東小屋と西小屋のたまごの重さを，それぞれ下の度数分布表に表します。それぞれの階級の度数を調べて，下の表に書きましょう。　〔それぞれ　8点〕

東小屋のたまごの重さ

重さ(g)	個数(個)
45以上〜50未満	
50〜55	
55〜60	
60〜65	
65〜70	
70〜75	
合計	

西小屋のたまごの重さ

重さ(g)	個数(個)
45以上〜50未満	
50〜55	
55〜60	
60〜65	
65〜70	
70〜75	
合計	

② それぞれの小屋で，軽いほうから数えて6番目のたまごは，どの階級にありますか。　〔それぞれ　8点〕

東小屋　答え

西小屋　答え

③ それぞれの小屋で，55g以上60g未満のたまごの数は何個ですか。　〔それぞれ　6点〕

東小屋　答え　　　　　西小屋　答え

④ 東小屋と西小屋で，55g未満のたまごが多いのはどちらですか。　〔8点〕

答え

度数分布表は正しく書けたかな。階級と度数を整理できるようにしておこう。

得点　　点

始め ≫
時　　分
≫ 終わり
時　　分

むずかしさ
★ ★

1 下の記録は，あるクラスのソフトボール投げの結果を表したものです。

ソフトボール投げの記録

番号	記録(m)	番号	記録(m)	番号	記録(m)	番号	記録(m)	番号	記録(m)	番号	記録(m)
1	14	5	34	9	26	13	24	17	40	21	24
2	29	6	19	10	23	14	18	18	25	22	32
3	35	7	41	11	30	15	22	19	33	23	28
4	33	8	23	12	29	16	24	20	37	24	23

① 投げたきょりを右の度数分布表に表しましょう。　　〔8点〕

② 投げたきょりが，15m以上20m未満の人は何人いますか。　　〔7点〕

答え _____

③ ①で作った度数分布表をもとにして，右のヒストグラム（柱状グラフ）を完成させましょう。　　〔8点〕

④ 投げたきょりが25m未満の人は，何人いますか。　　〔7点〕

式

答え _____

⑤ 30m以上投げた人の割合は，クラス全体の何%ですか。　　〔8点〕

式

答え _____

ソフトボール投げの記録

きょり(m)	人数(人)
10以上～15未満	
15～20	
20～25	
25～30	
30～35	
35～40	
40～45	
合計	

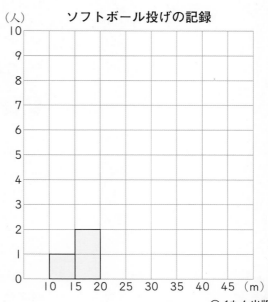

ソフトボール投げの記録

2 右の表は，ある日の東小屋と西小屋のにわとりが産んだたまごの重さを，度数分布表に表したものです。

東小屋のたまごの重さ

重さ(g)	個数(個)
45以上〜50未満	1
50〜55	4
55〜60	8
60〜65	5
65〜70	2
70〜75	0
合計	20

西小屋のたまごの重さ

重さ(g)	個数(個)
45以上〜50未満	2
50〜55	5
55〜60	1
60〜65	4
65〜70	3
70〜75	1
合計	16

① 東小屋で，重さが55g未満のたまごの割合は全体の何%ですか。 〔8点〕

式

答え _____

② 西小屋で，重さが55g以上70g未満のたまごの割合は全体の何%ですか。 〔8点〕

式

答え _____

③ 度数分布表をもとにして，それぞれの小屋のたまごの重さを，右にヒストグラムで表しましょう。 〔それぞれ 8点〕

④ 東小屋と西小屋で，いちばん度数が多いのは，それぞれどの階級ですか。 〔それぞれ 4点〕

東小屋 答え

西小屋 答え

⑤ 東小屋のたまごの重さの合計は1154g，西小屋のたまごの重さの合計は936gでした。それぞれの重さの平均値を求めましょう。 〔それぞれ 6点〕

東小屋 答え

西小屋 答え

⑥ 次の2つのくらべ方をした場合，どちらの小屋のたまごが重いといえますか。 〔それぞれ 5点〕

重さの平均値 答え _____

いちばん度数の多い階級 答え _____

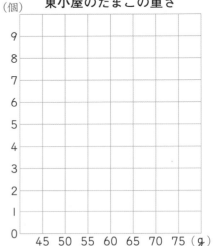

(個) **東小屋のたまごの重さ**

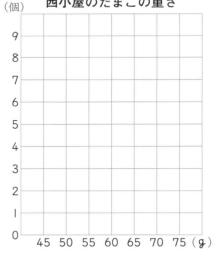

(個) **西小屋のたまごの重さ**

©くもん出版

平均値やちらばりの様子など，くらべ方にはいろいろなやり方があるね。

得点 点

1 物語の本を2さつ，まんがを3さつ買いました。物語の本とまんがのさっ数の比を求めましょう。 〔10点〕

答え 2 : 3

2 オレンジジュースが3L，牛にゅうが5Lあります。オレンジジュースと牛にゅうの量の比を求めましょう。 〔10点〕

答え

3 白いテープが8m，赤いテープが12mあります。白いテープと赤いテープの長さの比をかんたんな比で表しましょう。 〔10点〕

$$8 : 12 = 2 : \square$$
（÷4）

答え

4 大きなたまごの重さは64gで，小さなたまごの重さは56gです。大きなたまごと小さなたまごの重さの比をかんたんな比で表しましょう。 〔10点〕

答え

5 長さ12mのはり金と長さ16mのひもがあります。はり金とひもの長さの比をかんたんな比で表しましょう。 〔10点〕

答え

6 きよしさんの学校の6年生は男子45人，女子37人で，5年生は男子39人，女子43人です。6年生と5年生をあわせたときの男子と女子の人数の比をかんたんな比で表しましょう。　〔10点〕

答え_____

7 あおいさんの学校の6年1組は18人，6年2組は20人です。1学期の終わりに6年1組から4人，6年2組から2人が転校していきました。6年1組と6年2組の人数の比は何対何になりましたか。　〔10点〕

答え_____

8 A，B 2つの正方形があります。Aの正方形のまわりの長さは16cm，Bの正方形のまわりの長さは24cmです。AとBの正方形の1辺の長さの比を求めましょう。〔10点〕

答え_____

9 A，B 2つの正方形があります。Aの正方形のまわりの長さは8cm，Bの正方形のまわりの長さは16cmです。AとBの面積の比を求めましょう。　〔10点〕

答え_____

10 1時間に，時計の長いはりが回転する角の大きさと，短いはりが回転する角の大きさの比を求めましょう。　〔10点〕

答え_____

比は，〇：□で表されます。かんたんな整数の比で答えられたかな。

得点　　　点

48

25 比の問題 ②

1 ただしさんの体重とお父さんの体重の比は4：5で，お父さんの体重はちょうど60kgです。ただしさんの体重は何kgですか。 〔10点〕

式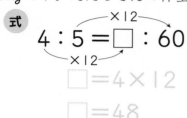

答え

2 めいさんたちは，たてと横の長さの比が3：4になるような長方形の旗をつくることにしました。横の長さを48cmにすると，たての長さは何cmにすればよいですか。

式 3：4＝□：48 〔10点〕

答え

3 A，B2つのびんに水を入れます。AとBに入れる水の量の比を3：8にします。Bを400mLにすると，Aは何mLになりますか。 〔10点〕

式

答え

4 食塩と水を1：9の重さの比で混ぜて，食塩水をつくります。水450gに対して，食塩を何g混ぜればよいですか。 〔10点〕

式

答え

5 あおとさんの学校の運動場に，たてと横の長さの比が8：9の長方形のコートをかきます。横の長さを18mにすると，たての長さは何mになりますか。 〔10点〕

式

答え

6 ゆうまさんの町の森林の面積と町全体の面積の比は4：9です。町全体の面積は378km²です。森林の面積は何km²ですか。 〔10点〕

式

答え

7 コーヒーとミルクを4：3の重さの比で混ぜて，ミルクコーヒーをつくります。コーヒーを200g使うと，ミルクは何g必要になりますか。 〔10点〕

式 4：3＝200：□

□＝3×50

答え

8 りおさんの学校の図書館にあるスポーツの本と童話の本のさっ数の比は2：7です。スポーツの本は120さつあります。童話の本は何さつありますか。 〔10点〕

式

答え

9 赤い色紙と青い色紙のまい数の比は4：3で，全部で280まいあります。赤い色紙は何まいありますか。 〔10点〕

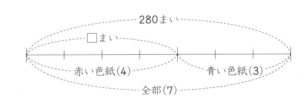

式

赤い色紙		全部	
4	：	7	＝□：280

答え

10 さとうと水を2：7の重さの比で混ぜて，さとう水をつくります。全体の重さが180gのとき，さとうは何gですか。 〔10点〕

式

答え

比の関係から量を求める問題だよ。まちがえたら，もう一度やりなおしておこう。

得点 　　点

1 はるきさんは3つの実験をして，下のような表をつくりました。あ〜うの中で，変化する2つの量が比例しているのはどれですか。〔8点〕

あ　面積が24cm²の平行四辺形で，底辺の長さを順に変えていったときの高さ

底辺(cm)	1	2	3	4	5	6	…
高さ(cm)	24	12	8	6	4.8	4	…

い　長さ8cmのろうそくに火をつけてから，1分ごとのろうそくの長さ

時間(分)	1	2	3	4	5	6	…
長さ(cm)	7.6	7.2	6.8	6.4	6	5.6	…

う　たての長さが4cmの長方形で，横の長さを順に変えていったときの面積

横(cm)	1	2	3	4	5	6	…
面積(cm²)	4	8	12	16	20	24	…

答え _____

2 水そうに一定の速さで水を入れていくと，1分ごとの水の深さが右の表のようになりました。

時　間(分)	1	2	3	4	5	6	…
水の深さ(cm)	3	6	9	12	15	18	…

〔1問　8点〕

① 時間が2倍，3倍になると，水の深さはどのように変わっていきますか。

答え　2倍，3倍になる。

② 時間が$\frac{1}{2}$，$\frac{1}{3}$になると，水の深さはどのように変わっていきますか。

答え _____

③ 水の深さを時間でわると，どのようになりますか。

答え　いつも3になる。

④ 水を入れた時間をx分，水の深さを$y$cmとして，xとyの関係を式で表すと，どのようになりますか。

式　$y = 3 \times x$

3 1 mが80円のリボンの長さ
と代金の関係を調べたら，右の
表のようになりました。

長　さ(m)	0.5	1	1.5	2	2.5	3	…
代　金(円)	40	80	120	160	200	240	…

〔1問　8点〕

① リボンの長さを x m，代金を y 円として，x と y の関係を式で表すと，どのように
なりますか。

式 _____

② リボンの長さが4.5mのとき，代金は何円ですか。

式

答え _____

③ リボンの代金が480円のとき，長さは何mですか。

式

答え _____

4 1 m分の重さが2kgの鉄の
ぼうについて考えます。

長　さ(m)	1	2	3	4	5	6	…
重　さ(kg)	2	4					…

① 右の表は，ぼうの長さと重
さの関係を，表にしたものです。表のあいているところに数を入れましょう。　〔8点〕

② ぼうの長さを x m，重さを y kgとして，x と y の関係を式で表すと，どうなりま
すか。　　　　　　　　　　　　　　　　　　　　　　　　　　　　　　　　〔8点〕

式 _____

③ ぼうの長さが9 mのとき，重さは何kgですか。　　　　　　　　　　　　〔10点〕

式

答え _____

④ ぼうの重さが24kgのとき，長さは何mですか。　　　　　　　　　　　〔10点〕

式

答え _____

2つの量がどのような関係になっているかに注意しよう。

得点 　　　　点

始め 》
時　　　分
》 終わり
時　　　分

月　　　日 名前

1 　5 L のガソリンで60km走る自動車があります。12 L のガソリンでは，何km走ることができますか。　　〔1問　10点〕

① 　12 L は 5 L のガソリンの何倍になっているかを考えて求めましょう。

式 $12 \div 5 = \dfrac{12}{5}$

$60 \times \dfrac{12}{5} =$

② 　ガソリン 1 L で走るきょりを考えて求めましょう。

式 $60 \div 5 =$

答え

2 　8 cm³の銅の重さは72 g です。この銅24cm³の重さは何 g ですか。　〔10点〕

式 $72 \times (24 \div 8) =$

答え

3 　水道の水を 5 分間に45 L の割合で出します。12分間出すと，水は何 L になりますか。

式　　　　　　　　　　　　　　　　　　　　　　　　　　　　　　〔10点〕

答え

4 　はり金 6 m の重さは85 g でした。このはり金24m の重さは何 g ですか。　〔10点〕

式

答え

5 くぎ50本の重さをはかったら20gでした。

① このくぎ70本の重さは何gですか。式を2つ書いて求めましょう。〔全部できて 10点〕

● くぎ1本の重さを考えて

式

● くぎの重さは，本数に比例することを考えて

式

答え

② このくぎ3本の重さは何gですか。 〔10点〕

式

答え

6 長方形の紙が何まいか重ねてあります。全体の厚さが5cm，重さは528gでした。

〔1問 10点〕

① 厚さ1cm分のまい数は88まいでした。長方形の紙は全部でおよそ何まいあるといえますか。

式

答え

② 長方形の紙40まいの重さをはかったら48gありました。長方形の紙は全部でおよそ何まいあるといえますか。

式

答え

③ 長方形の紙1000まいのたばの重さはおよそ何kgになるといえますか。

式

答え

©くもん出版

2つの量が比例する問題だよ。まちがえた問題は
やりなおしてみよう。

得点　　点

1 さくらさんは右のような三角形を使って，下のように調べました。あ～③の中で，変化する2つの量が反比例しているのはどれですか。　〔8点〕

あ　底辺の長さを9cmとして，高さを順に変えていったときの面積

高さ(cm)	1	2	3	4	5	6	…
面積(cm²)	4.5	9	13.5	18	22.5	27	…

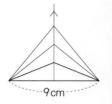

い　面積を9cm²としたときの，底辺の長さと高さ

底辺の長さ(cm)	1	2	3	4	5	6	…
高さ(cm)	18	9	6	4.5	3.6	3	…

面積9cm²

③　正三角形の1辺の長さとまわりの長さ

1辺の長さ(cm)	1	2	3	4	5	6	…
まわりの長さ(cm)	3	6	9	12	15	18	…

□cm

答え

2 面積が24cm²のいろいろな長方形について考えます。
〔1問　8点〕

たての長さ(cm)	1	2	3	4	5	6	…
横の長さ(cm)	24	12	8				…

① 上の表は，長方形のたての長さと横の長さの関係を，表にしたものです。表を完成させましょう。

② たての長さが2倍，3倍になると，横の長さはどのように変わっていきますか。

答え　$\dfrac{1}{2}$，$\dfrac{1}{3}$になる。

③ たての長さが$\dfrac{1}{2}$，$\dfrac{1}{3}$になると，横の長さはどのように変わっていきますか。

答え

④ たての長さを$x$cm，横の長さを$y$cmとして，xとyの関係を式で表すと，どのようになりますか。

式　$y = 24 \div x$

3 水が300m³まで入るプールに，いっぱいになるまで一定の速さで水を入れます。

時間(時間)	1	2	3	4	5	6	…
1時間に入れる水の量(m³)	300	150		75		50	…

〔1問　8点〕

① 上の表は，1時間に入れる水の量といっぱいになるまでにかかる時間の関係を，表にしたものです。表を完成させましょう。

② 時間を $\frac{1}{2}$，$\frac{1}{3}$ にすると，1時間に入れる水の量はどのように変わっていきますか。

答え

③ 1時間に入れる水の量を x m³，いっぱいになるまでにかかる時間を y 時間として，x と y の関係を式で表すと，どのようになりますか。

式

4 12kmの道のりを行くときの時速と，かかる時間の関係について考えます。

時速(km)	1	2	3	4	5	6	…
時間(時間)	12	6	4				…

① 上の表は，時速とかかる時間の関係を，表にしたものです。表を完成させましょう。

〔8点〕

② 時速を x km，かかる時間を y 時間として，x と y の関係を式で表すと，どのようになりますか。

〔8点〕

式

③ 時速8kmで行くとき，何時間かかりますか。

〔10点〕

式

答え

④ 2時間半で行くには，時速何kmで行けばよいですか。

〔10点〕

式

答え

反比例の問題だよ。2つの量の変わり方が比例の場合とどのようにちがうか，しっかり理解しておこう。

得点　　点

1 たての長さが5cm，横の長さが8cmの長方形があります。この長方形の面積を変えないで，横の長さを4cmにすると，たての長さは何cmになりますか。　〔10点〕

式　5 × 8 ＝40

40 ÷ 4 ＝

答え

2 かずまさんは，家から図書館まで行くのに，分速60mで歩いて，25分かかります。同じ道を，分速75mで歩くと，何分で行くことができますか。　〔10点〕

式　60×25＝1500

1500÷75＝

答え

3 浴そうにお湯をためるのに，1分間に6Lずつ入れると30分かかりました。1分間に10Lずつ入れると，何分かかりますか。　〔10点〕

式　6×30＝180

180÷10＝

答え

4 時速90kmで走る電車で4時間かかる駅まで，新幹線では，1.5時間でとう着します。新幹線は，時速何kmで走っていますか。　〔10点〕

式

答え

5 高さが12cm，底辺の長さが3cmの平行四辺形の面積を変えないで，高さを9cmにすると，底辺の長さは何cmになりますか。　〔10点〕

式

答え

6 たての長さが4cm，横の長さが12cmの長方形があります。この長方形の面積を変えないで，たての長さを6cmにすると横の長さは何cmになりますか。 〔10点〕

式

答え

7 分速65mで歩いて14分かかる道のりを，分速70mで歩くと何分で行けますか。

式

〔10点〕

答え

8 1時間に2m³ずつプールに水を入れていくと，15時間でいっぱいになりました。6時間でいっぱいにしようと思うと，1時間に何m³ずつ入れればよいですか。 〔10点〕

式

答え

9 時速45kmで進むバスに乗って1.2時間かかるとなりの町まで，自転車で行くことにしました。3時間で行こうと思うと，時速何kmで行けばよいですか。 〔10点〕

式

答え

10 ゆいさんは，画用紙をたての長さが10cm，横の長さが15cmの長方形に切って，はたをつくっています。れなさんも同じ面積になるように画用紙を切って，はたをつくります。横の長さを12.5cmにすると，たての長さは何cmにすればよいですか。 〔10点〕

式

答え

©くもん出版

まちがえた問題は，もう一度やりなおしてみよう。

得点 　　　点

1 たかしさんが住んでいる町からおばさんが住んでいる町までのきょりは5kmです。このきょりを10cmでかいた地図があります。この地図の縮尺を分数で表しましょう。〔10点〕

式

地図上の長さ (cm)	÷	実際の長さ (cm)	=	縮尺
10		500000		

答え

2 ひかりさんは, 学校のしき地を縮図に表そうとしています。実際にはかったら200mあるところを, 5cmにかこうと思います。この縮図の縮尺を分数で表しましょう。〔10点〕

式

答え

3 つよしさんの家からおじさんの家まで6kmあります。縮尺が $\frac{1}{50000}$ の地図では, 何cmの長さに表されていますか。〔10点〕

式

実際の長さ (cm)	×	縮尺	=	地図上の長さ (cm)
600000		$\frac{1}{50000}$		

答え

4 めいさんの学校の校舎のはしからはしまでの長さは250mあります。$\frac{1}{2000}$ の縮図をかくとすると, はしからはしまでの長さを何cmにかけばよいですか。〔10点〕

式

答え

5 大山市と川上市は10kmはなれています。縮尺が $\frac{1}{25000}$ の地図では, 何cmはなれていますか。〔10点〕

式

答え

6 地図で学校から山のふもとまでの長さをはかったら，4.8cmありました。地図の縮尺は$\frac{1}{50000}$です。学校から山のふもとまで，実際には何kmありますか。　〔10点〕

式

地図上の長さ (cm)	何 倍	実際の長さ (cm)
4.8	× 50000	=

	cm =		km

答え ▷

7 えいたさんの学校とかのんさんの学校は，縮尺$\frac{1}{50000}$の地図上で，12cmはなれています。実際には何kmはなれていますか。　〔10点〕

式

答え ▷

8 縮尺$\frac{1}{1000}$でかかれたあおいさんの通っている学校の縮図があります。この縮図には，たて2.5cm，横1.4cmの長方形のプールがかいてあります。プールの実際の長さは，たて，横それぞれ何mですか。　〔1問　10点〕

式 ●たて

答え ▷

●横

答え ▷

9 下の図は，縮尺$\frac{1}{2000}$の縮図です。この長方形の実際の面積は何m²ですか。　〔10点〕

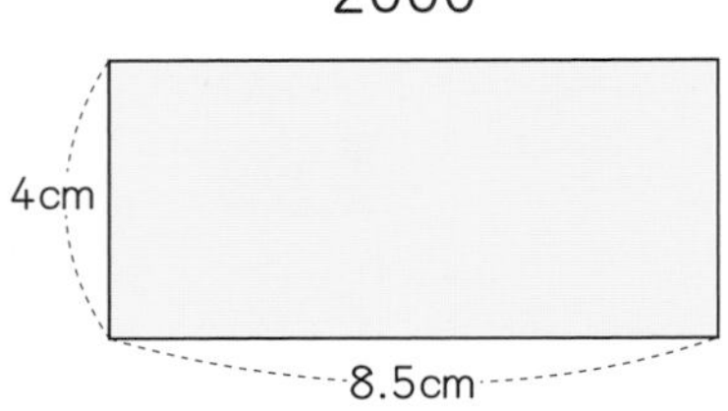

4cm

8.5cm

式

答え ▷

©くもん出版

縮尺や地図上の長さ，実際の長さや面積を求める問題だよ。単位に注意してとこう。

得点　　点

60

1 右の図のような川はばABの実際の長さを，$\frac{1}{500}$ の縮図をかいて求めます。　〔1問　5点〕

① $\frac{1}{500}$ の縮尺では，BCは何cmに表されますか。

式

答え

② 下に三角形ABCの $\frac{1}{500}$ の縮図をかきましょう。

〔$\frac{1}{500}$ の縮図をかこう〕

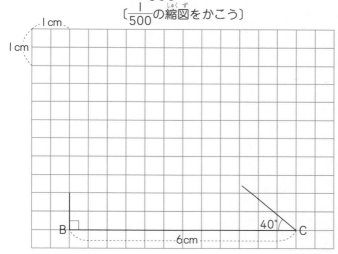

③ 縮図のABの長さは約何cmですか。

答え

④ ABの実際の長さは約何mですか。

式

答え

2 下の図のような池の両側にある2本の木の間の実際のきょりは約何mですか。$\frac{1}{1000}$ の縮図をかいて求めましょう。　〔20点〕

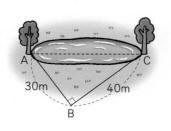

図の向きを変えてかくといいよ。

〔$\frac{1}{1000}$ の縮図をかこう〕

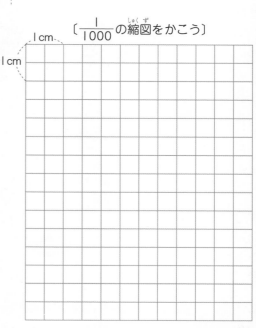

式

答え

3 りくとさんは，下の図のようにして，校舎の高さをはかろうとしています。地面から目の位置までの高さを1.3mとすると，校舎の実際の高さは約何mですか。$\frac{1}{500}$の縮図をかき，縮図のACの長さをはかって求めましょう。 〔30点〕

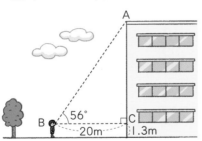

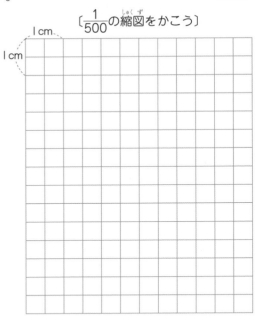

〔$\frac{1}{500}$の縮図をかこう〕

1cm
1cm

式

答え

4 あさひさんは，下の図のようにして，地面に垂直に立っている木の高さをはかろうとしています。地面から目の位置までの高さを1.4mとすると，木の実際の高さは約何mですか。$\frac{1}{500}$の縮図をかいて求めましょう。 〔30点〕

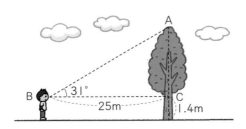

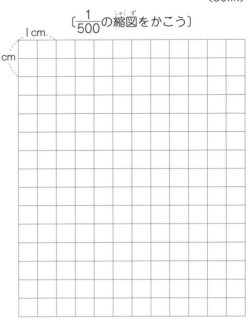

〔$\frac{1}{500}$の縮図をかこう〕

1cm
1cm

式

答え

縮図をかいて，実際の長さを求める問題だね。縮図はきちんとかけているか，たしかめよう。

得点
点

月　日　名前

始め ≫
時　　分
≫ 終わり
時　　分

むずかしさ
★★

1　えいたさん，こはるさん，そうまさんの3人が，1列になって順にボートに乗ります。ボートに乗る順序はどんな乗り方がありますか。□に名前を入れて，乗り方を全部書きましょう。　〔10点〕

答え

- えいた — こはる — そうま
- えいた — □ — □
- こはる — □ — □
- こはる — □ — □
- そうま — □ — □
- そうま — □ — □

2　A，B，C，Dの4人でリレーの練習をします。走る順序は，どのような走り方がありますか。全部書きましょう。　〔20点〕

答え

3　1，2，3の3まいの数字カードをならべて，3けたの数をつくります。できる3けたの数を全部書きましょう。　〔10点〕

答え

4 A，B，Cの3人が，1列にならびます。ならぶ順序は何とおりありますか。ならび方を表す下の図を完成させて答えましょう。　〔20点〕

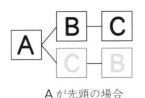

Aが先頭の場合

Bが先頭の場合

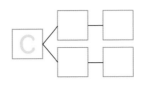

Cが先頭の場合

答え

5 たくみさん，すばるさん，ひろとさん，ようたさんの4人が1人ずつ順にくじ引きをします。くじを引く順序は，何とおりありますか。たくみさんをた，すばるさんをす，ひろとさんをひ，ようたさんをよとして，下の図を完成させて答えましょう。　〔20点〕

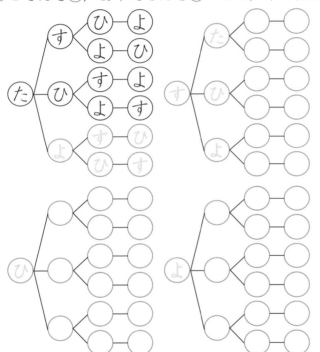

答え

6 下の〈例〉のように4つの部分を赤，青，白，黄の4色の絵の具を使って，4色にぬり分けます。ぬり分け方は何とおりありますか。　〔20点〕

〈例〉

赤	青	白	黄

答え

全部の場合を書き出したかたしかめよう。

得点　点

1 はるかさん，みつきさん，ゆうなさん，ひまりさんの4人で，遠足に行くときの班をつくりました。1人を班長，もう1人を副班長として選びます。どんな選び方がありますか。〈例〉のようにして，すべての場合を書きましょう。　　　〔15点〕

〈例〉
(班長) (副班長)
はるか―みつき

答え
はるか―みつき，はるか―ゆうな，はるか―ひまり

2 赤，青，白，黄の4色のうち2色を使って，下の図のA，Bの部分をぬり分けます。どんなぬり分け方がありますか。すべての場合を書きましょう。　　　〔15点〕

A
B

答え
A　B　A　B　A　B
赤 と 青 ， 赤 と 白 ， 赤 と 黄

3 1，2，3 の3まいの数字カードのうち，2まいを使って2けたの数をつくります。下の□□にできる2けたの数を全部書きましょう。　　　〔10点〕

答え
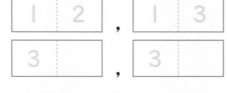
1 2 ， 1 3 ， 2 1 ， 2
3 ， 3

4 ⓪, ①, ②, ③ の4まいの数字カードがあります。この数字カードのうち2まいをならべて，2けたの整数をつくります。できる2けたの整数をすべて書きましょう。

〔20点〕

答え

5 ⓪, ①, ②, ③ の4まいの数字カードがあります。この数字カードのうち2まいを使って，$\frac{1}{10}$ の位までの小数をつくります。ただし，1.0，2.0，3.0は整数とします。

〔1問 10点〕

①　1より小さい小数をつくります。できる小数をすべて書きましょう。

答え　0.1,

②　3より小さい小数をつくります。できる小数をすべて書きましょう。

答え

6 ③, ④, ⑤, ⑥ の4まいの数字カードがあります。この数字カードのうち2まいを使って，分数をつくります。

〔1問 10点〕

①　1より小さい分数をつくります。できる分数をすべて書きましょう。

答え

②　1より大きい分数をつくります。できる分数をすべて書きましょう。

答え

順序よく書き出してみるといいよ。

得点　　　点

1 10円玉 1 個を続けて 2 回投げます。このときのおもてとうらの出方について調べます。

① おもてとうらの出方には
どんな場合がありますか。
右にすべての場合を書きま
しょう。

② おもてとうらの出方は，
全部で何とおりありますか。

〔1問 5点〕

答え

答え _____

2 メダル 1 個を続けて 3 回投げます。このときのおもてとうらの出方は，どんな場合が
ありますか。すべての場合を書きましょう。 〔10点〕

答え

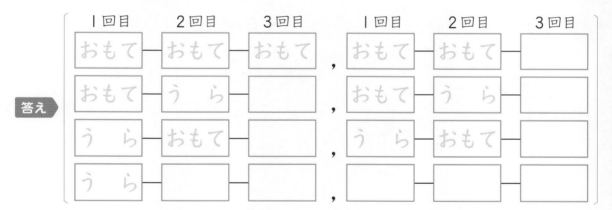

3 たくみさんとこはるさんの 2 人がじゃんけんをします。 〔1問 10点〕

① グー，チョキ，パーを 2 人が出す出し方を全部書きましょう。

（たくみ） （こはる）

グー ─── グー ，

答え

② たくみさんが勝つ場合は，何とおりありますか。

答え

4 西町から東町を通って，山の頂上まで行く行き方は，下の図のようになっています。西町から東町を通って山の頂上まで行くとき，乗り物と登り方の組み合わせは，どんな場合が考えられますか。すべての場合を書きましょう。　〔20点〕

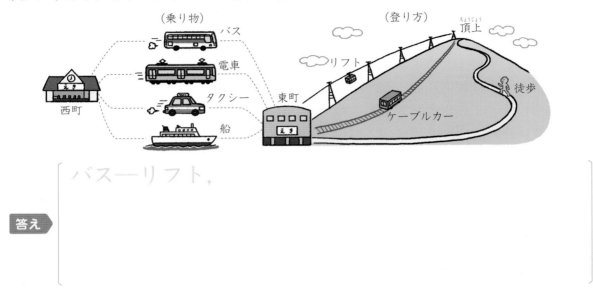

答え
> バス─リフト，

5 大きいさいころ1個と小さいさいころ1個を同時に投げます。2つのさいころの目の和が7になる場合をすべて書きましょう。　〔20点〕

(大きいさいころ)──(小さいさいころ)

答え

6 学校から駅まで遠まわりをしないで行きます。ア～ケを通る通り方には，どんな通り方がありますか。すべての場合を記号で書きましょう。　〔20点〕

答え

まちがえた問題は，もう一度やりなおしてみよう。

得点　　点

月　日　名前

始め 》
時　分
》 終わり
時　分

むずかしさ
★★

1 えいたさん，そうまさん，ひろとさんの3人ですもうをします。どの人とも1回ずつすもうをとるとすると，どんな組み合わせがありますか。組み合わせを表す下の表を見て，すべての場合を書きましょう。〔10点〕

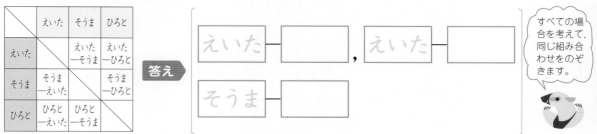

	えいた	そうま	ひろと
えいた		えいた ーそうま	えいた ーひろと
そうま	そうま ーえいた		そうま ーひろと
ひろと	ひろと ーえいた	ひろと ーそうま	

答え　えいた ＿＿＿ ， えいた ＿＿＿

そうま ＿＿＿

すべての場合を考えて，同じ組み合わせをのぞきます。

2 A，B，C，Dの4チームで野球の試合をします。どのチームもちがったチームと1回ずつ試合をします。どんな組み合わせがありますか。組み合わせを表す下の図を見てすべての場合を書きましょう。〔10点〕

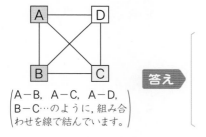

（A−B，A−C，A−D，B−C…のように，組み合わせを線で結んでいます。）

答え

3 A，B，C，D，Eの5チームでサッカーの試合をします。どのチームもちがったチームと1回ずつ試合をします。どんな組み合わせがありますか。下の図を見てすべての場合を書きましょう。〔10点〕

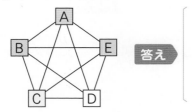

答え

4 赤，青，黄，白，緑の5色の中から，2色を選びます。色の選び方には，どんな選び方がありますか。すべての場合を書きましょう。〔10点〕

答え

5　あいりさん，さくらさん，ももかさん，つむぎさんの4人のうち，2人が組になってうさぎの世話をします。　　　　　　　　　　　　　　　　　　　　　〔1問　10点〕

① どんな組のつくり方がありますか。すべての場合を書きましょう。

答え

② 組のつくり方は，全部で何とおりありますか。

答え

6　りんご，ぶどう，なし，かきが1個ずつあります。このうち2個を選びます。選び方は全部で何とおりありますか。　　　　　　　　　　　　　　　　　　　　　　　〔10点〕

答え

7　下の図のような4本のくだものジュースの中から，3本を選んで箱につめます。　　　　　　　　　　　　　　　　　　　　　　　　　　　　　　　　　　　　　〔1問　10点〕

① どんな組み合わせでつめることができますか。すべての場合を書きましょう。

答え

② 組み合わせは全部で何とおりありますか。

答え

8　A，B，C，D，Eの5種類のかんづめのうちから，3種類を選んで箱につめます。組み合わせは全部で何とおりありますか。　　　　　　　　　　　　　　　　　　　〔10点〕

答え

同じ組み合わせがないかたしかめてみよう。

得点　　　　点

36 場合の数の問題 ⑤

始め »
時　分
» 終わり
時　分

むずかしさ
★★

月　日　名前

1 　1円，10円，50円，100円の4種類のお金がそれぞれ1個ずつあります。このうち2個を取り出します。どんな金額になりますか。すべての場合を書きましょう。〔10点〕

答え

2 　10円，50円，100円，500円の4種類のお金がそれぞれ1個ずつあります。このうち2個を取り出します。どんな金額になりますか。すべての場合を書きましょう。〔10点〕

答え

3 　1円，5円，10円，50円の4種類のお金がそれぞれ1個ずつあります。このうち2個を取り出します。どんな金額になりますか。すべての場合を書きましょう。〔10点〕

答え

4 　1g，2g，4g，8gの4種類の分銅が1個ずつあります。このうち2個を使ってはかることができる重さは何gですか。すべての場合を書きましょう。〔10点〕

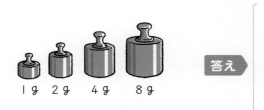

答え

©くもん出版
71

5　１円，５円，10円，50円の４種類のお金がそれぞれ１個ずつあります。このうち３個を取り出します。どんな金額になりますか。すべての場合を書きましょう。　〔10点〕

答え▶

6　100円玉２個と500円玉２個があります。これらを使ってつくれる金額をすべて書きましょう。　〔10点〕

答え▶

7　下の図のような３種類の分銅が１個ずつあります。この分銅を使ってはかることができる重さをすべて書きましょう。　〔20点〕

答え▶

8　下の図のような４種類の分銅が１個ずつあります。この分銅を使ってはかることができる重さをすべて書きましょう。　〔20点〕

答え▶

同じ組み合わせがないかたしかめてみよう。

得点　　　点

いろいろな問題　①

始め ≫
時　　分
≫ 終わり
時　　分

むずかしさ
★★★

1　5625mはなれた地点から，みなとさんはだいちさんのほうへ分速60mで歩き，だいちさんはみなとさんのほうに分速65mで歩きます。2人が出会うのは，同時に出発してから何分後ですか。　〔10点〕

式
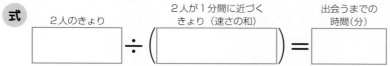
2人のきょり　÷（2人が1分間に近づくきょり（速さの和））＝出会うまでの時間(分)

答え

2　まわりの長さが3350mある池のまわりを，あいりさんは分速70m，ななみさんは分速64mの速さで同じところから反対方向に歩きます。何分後に2人は出会いますか。

式　〔10点〕

答え

3　12kmはなれた地点から，そうまさんはゆうきさんのほうへ時速4.2kmで進み，ゆうきさんはそうまさんのほうへ時速4.8kmで進み，おたがいに近づいていきます。2人が出会うのは，同時に出発してから何時間何分後ですか。　〔10点〕

式

答え

4　1000L入る水そうに水を入れようと思います。Ａ^{エー}のじゃ口からは1分間に10L，Ｂ^{ビー}のじゃ口からは1分間に15Lずつ水を入れます。この2つのじゃ口を使って同時に水を入れていくと，何分でいっぱいになりますか。　〔10点〕

式

答え

5　ただしさんは，毎月150円ずつ，お兄さんは毎月300円ずつ貯金することにしました。2人の貯金の合計がちょうど2700円になるのは何か月後ですか。　〔10点〕

式

答え

6 同じ場所から，同時に反対の方向に，たけるさんは分速80mで，かんなさんは分速70mで歩き始めました。2人の間のきょりが，3kmになるのは何分後ですか。〔10点〕

式

2人のきょり		2人が1分間にはなれるきょり（速さの和）		2人の間のきょりが3kmになる時間（分）
3000	÷	(80＋70)	＝	

答え ▷

7 ある駅から，上り電車が時速40kmで，下り電車が時速50kmで同時に出発しました。上りと下りの電車の間のきょりが，225kmになるのは何時間後ですか。線路はまっすぐに，のびているものとします。〔10点〕

式

答え ▷

8 2km先を分速125mの速さの自転車で走っている弟を，兄は分速250mの速さの自転車で追いかけました。兄が弟に追いつくのは何分後ですか。〔10点〕

2人がはなれているきょり		1分間に追いつくきょり（速さの差）		追いつくまでにかかる時間（分）
式 2000	÷	(250－125)	＝	

答え ▷

9 ゆいとさんは450円の貯金があります。これから毎月200円ずつ貯金をしようと考えています。はるかさんは貯金はありませんが，これから毎月350円ずつ貯金をすることにします。はるかさんの貯金が，ゆいとさんの貯金と同じになるのは何か月後ですか。

式

答え ▷

10 みつきさんは分速60mで歩いておばさんの家へ行きました。みつきさんのわすれ物に気づいたお母さんが，14分後に自転車でみつきさんを追いかけました。お母さんが自転車で走る速さを分速200mとすると，お母さんは家を出てから何分後にみつきさんに追いつくことができますか。〔10点〕

2人がはなれているきょり		1分間に追いつくきょり（速さの差）		追いつくまでにかかる時間（分）
式 60×14	÷	( )	＝	

答え ▷

2つの速さをたせばよいのか，ひけばよいのか，問題をよく読んで考えよう。

得点 点

38 いろいろな問題 ②

始め 》
時　　分
》 終わり
時　　分

むずかしさ
★ ★ ★

月　日　名前

1 1000円を兄と弟で分けました。兄の分のお金の $\frac{1}{3}$ は，弟の分のお金のちょうど $\frac{1}{2}$ でした。兄と弟はそれぞれ何円ずつ分けましたか。　〔1問 10点〕

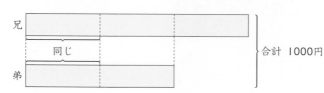

兄
同じ
弟
}合計 1000円

● 弟の分のお金は何円ですか。

式 1000÷5×2＝

答え

● 兄の分のお金は何円ですか。

式

答え

2 1800円を姉と妹で分けました。姉の分のお金の $\frac{1}{4}$ は，妹の分のお金のちょうど $\frac{1}{2}$ でした。姉と妹はそれぞれ何円ずつ分けましたか。　〔20点〕

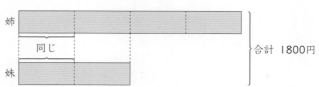

姉
同じ
妹
}合計 1800円

式

答え （姉）　　　　　（妹）

3 色紙140まいをみゆさんとりんさんの2人で分けました。みゆさんの色紙のまい数の $\frac{1}{4}$ がりんさんの色紙のまい数の $\frac{1}{3}$ になるように分けました。みゆさんとりんさんが分けた色紙のまい数はそれぞれ何まいですか。 〔20点〕

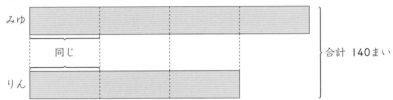

みゆ

同じ

りん

合計 140まい

式

答え (みゆ)　　　　　　（りん）

4 リボン88cmを姉と妹の2人で分けました。姉のリボンの長さの $\frac{1}{4}$ が，妹のリボンの長さの $\frac{2}{3}$ になるように分けました。姉のリボンの長さは何cmですか。 〔20点〕

式

答え

5 テープ140cmを兄と弟で分けました。兄のテープの長さの $\frac{1}{2}$ が，弟のテープの長さの $\frac{3}{4}$ になるように分けました。兄のテープの長さは何cmですか。 〔20点〕

式

答え

図をかいて考えてみよう。

得点　　　　点

39 いろいろな問題 ③

始め ≫
時　　分
≫ 終わり
時　　分

むずかしさ
★★★

月　日　名前

1 500円をいつきさんとれんさんの2人で分けます。いつきさんは，れんさんの2倍より20円多くなるように分けます。何円ずつに分ければよいですか。　〔1問　5点〕

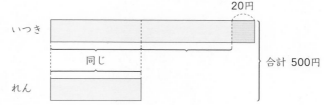

● れんさんの分は何円ですか。

式 $(500 - 20) \div 3 =$

答え _____

● いつきさんの分は何円ですか。

式

答え _____

2 みかん140個を大きな箱と小さな箱の2つの箱に入れます。大きな箱のみかんの数は，小さな箱のみかんの数の3倍よりも20個多く入れます。それぞれの箱に何個ずつ入れればよいですか。　〔10点〕

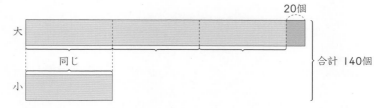

式

答え （大きな箱）　　　　　　（小さな箱）_____

3 かきとりんごをあわせて35個買いました。そのうち，かきが3個いたんでしまったので，すてました。すると，かきの数は，りんごの数のちょうど3倍になりました。はじめにかきを何個買いましたか。　〔20点〕

式

答え _____

4 1100円を兄と弟の2人で分けます。兄は弟の2倍より100円少なくもらいます。何円ずつに分ければよいですか。 〔1問 10点〕

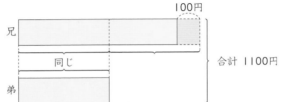

● 弟の分は何円ですか。

式 $(1100+100)÷3=$

答え

● 兄の分は何円ですか。

式

答え

5 2500円をはるとさん，ゆうきさん，ひかりさんの3人で分けます。はるとさんはゆうきさんの2倍より200円少なく，ひかりさんはゆうきさんの3倍より300円少なくもらいます。3人にそれぞれ何円ずつ分ければよいですか。 〔20点〕

式

答え (はると)　　　(ゆうき)　　　(ひかり)

6 620円をA，B，Cの3人で分けました。BはAの2倍より50円多く，CはAの3倍より30円少なくもらいました。A，B，Cはそれぞれ何円ずつもらいましたか。〔20点〕

式

答え (A)　　　(B)　　　(C)

図をかいて考えてみよう。まちがえた問題は，もう一度やりなおしてみよう。

得点　　点

40 いろいろな問題 ④

始め 》

時　　分

》 終わり

時　　分

むずかしさ
★ ★ ★

月　日　名前

1 ある仕事をするのに，A１人では10日，B１人では15日かかります。この仕事をAとBの２人ですると，何日で仕上げることができますか。　〔1問　5点〕

● ある仕事全体を１と考えると，AとBが１日にする仕事の量は，それぞれどれだけの割合ですか。分数で求めなさい。

答え　（A）$\dfrac{1}{10}$　（B）$\dfrac{1}{15}$

● AとBの２人がいっしょに仕事をしたときに，１日にできる仕事の割合はどれだけですか。

式　$\dfrac{1}{10} + \dfrac{1}{15} =$

答え

● AとBの２人がいっしょに仕事をすると，何日で仕上げることができますか。

式　$1 \div \dfrac{1}{6} =$

答え

2 へいを作る仕事はA１人では９日かかり，B１人では18日かかります。この仕事をAとBの２人ですると，何日で仕上げることができますか。　〔1問　5点〕

● へいを作る仕事全体を１と考えると，AとBの２人がいっしょに仕事をしたときに，１日にできる仕事の割合はどれだけですか。

 式

答え

● この仕事を２人ですると，何日で仕上げることができますか。

 式

答え

3 ある仕事をするのに，A１人では20日かかり，B１人では30日かかります。この仕事を２人ですると，何日で仕上げることができますか。　〔15点〕

式　$1 \div \left(\dfrac{1}{20} + \dfrac{1}{30} \right) =$

答え

4　ある仕事を仕上げるのに，Aは10日，Bは12日，Cは15日かかります。この仕事を3人ですると，何日で仕上げることができますか。　　　　　　〔15点〕

式

答え

5　AとBがいっしょに働くと，8日間で仕上がる仕事があります。この仕事をA1人ですると12日かかります。この仕事をB1人ですると，何日で仕上げることができますか。
〔1問　5点〕

● 仕事全体を1とすると，A1人が1日にする仕事はどれだけの割合ですか。

答え

● AとBの2人で働くと1日に $\frac{1}{8}$ の仕事が仕上がります。Bは1日にどれだけの仕事をしますか。

式

答え

● この仕事をB1人ですると，何日で仕上げることができますか。

式

答え

6　AとBがいっしょに仕事をすると，9日間で仕上げることのできる仕事があります。この仕事をA1人ですると12日かかります。この仕事をB1人ですると，何日で仕上げることができますか。　　　　　　〔15点〕

式

答え

7　ある仕事を仕上げるのに，AとBがいっしょにすると15日かかります。この仕事をB1人ですると20日かかります。この仕事をA1人ですると，何日で仕上げることができますか。　　　　　　〔15点〕

式

答え

まず1日分の割合を考えてとく問題だね。まちがえたら，もう一度やりなおしてみよう。

得点　　　点

1　5円玉と10円玉が，あわせて20個あります。金額は全部で130円です。5円玉と10円玉はそれぞれ何個ずつありますか。　〔1問　5点〕

●全部10円玉と考えたときの金額は，実際の金額より何円多いですか。

式　$10 \times 20 - 130 =$

答え

●10円玉を1個減らし，かわりに5円玉にすると，何円減りますか。

式

答え

●実際の金額より多い分だけ，10円玉を減らし，5円玉にかえると，5円玉の個数がわかります。5円玉は何個ですか。

式

答え

●10円玉は何個ですか。

式

答え

2　つるの足は2本，かめの足は4本です。つるとかめがあわせて10ぴきいて，足の数は全部で26本だそうです。つるが何わと，かめが何びきいますか。　〔1問　5点〕

●全部かめと考えたときの足の数は，実際の足の数より何本多いですか。

式

答え

●実際の足の数より多い分だけ，かめを減らし，つるにかえると，つるの数がわかります。つるは何わいますか。

式

答え

●かめは何びきいますか。

式

答え

3 50円切手と20円切手をあわせて12まい買ったら，代金は450円でした。それぞれ何まいずつ買いましたか。 〔1問 5点〕

① 全部50円切手を買ったと考えて，20円切手のまい数を求めましょう。

式 $(50 \times 12 - 450) \div (50 - 20) =$

答え _____

② 50円切手は何まいですか。

式

答え _____

4 1本80円のえん筆と1本100円のえん筆をあわせて1ダース買ったら，代金は1000円でした。それぞれ何本ずつ買いましたか。 〔1問 10点〕

① 1本80円のえん筆を何本買いましたか。

式

答え _____

② 1本100円のえん筆を何本買いましたか。

式

答え _____

5 長さ5cmと8cmの竹ひごを10本つなぎあわせてならべたら，全体の長さが65cmになりました。5cmと8cmの竹ひごを，それぞれ何本ならべましたか。 〔1問 10点〕

① 5cmの竹ひごを何本ならべましたか。

式

答え _____

② 8cmの竹ひごを何本ならべましたか。

式

答え _____

6 50円のガムと70円のガムをあわせて16個買いました。1000円札を出すと，おつりが100円きました。50円のガムを何個買いましたか。 〔15点〕

式

答え _____

まちがえた問題は，もう一度やりなおしてみよう。

得点 ___ 点

42 いろいろな問題 ⑥

始め ≫
時　　分
≫ 終わり
時　　分

むずかしさ
★ ★ ★

月　　日　名前

1 おはじきを何人かの子どもに分けようと思います。1人に5個ずつ分けると，12個たりなくなり，3個ずつにすると，ちょうど分けることができます。子どもの数とおはじきの数を求めましょう。　　　　　　　　　　　　　　　　〔1問　5点〕

① 子どもの数は何人ですか。

式　（あと12個あると1人に2個ずつ増やせるのだから）

$12 \div 2 =$

答え

② おはじきの数は何個ですか。

式

答え

2 えん筆を何人かの子どもに分けようと思います。1人に7本ずつ分けると15本たりなくなり，4本ずつ分けると，ちょうど分けることができます。　〔1問　5点〕

① 子どもの数は何人ですか。

式　$15 \div (7 - 4) =$

答え

② えん筆の数は何本ですか。

式

答え

3 あめを何人かの子どもに分けようと思います。1人に7個ずつ分けるとちょうど分けることができますが，10個ずつ分けると18個たりません。子どもとあめの数をそれぞれ求めましょう。　　　　　　　　　　　　　　　　〔10点〕

式

答え

4 おはじきを何人かの子どもに分けようと思います。１人に３個ずつ分けようとすると 12個あまり，５個ずつ分けると，ちょうど分けることができます。 〔1問 10点〕

① 子どもの数は何人ですか。

式 （あまった12個で１人に２個ずつ増やせるのだから）

$$12 \div 2 =$$

答え ＿＿＿＿＿＿＿＿＿＿＿

② おはじきの数は何個ですか。

式

答え ＿＿＿＿＿＿＿＿＿＿＿

5 えん筆を何人かの子どもに分けようと思います。１人に６本ずつ分けると16本あまり，８本ずつ分けると，ちょうど分けることができます。 〔1問 10点〕

① 子どもの数は何人ですか。

式 $16 \div (8 - 6) =$

答え ＿＿＿＿＿＿＿＿＿＿＿

② えん筆の数は何本ですか。

式

答え ＿＿＿＿＿＿＿＿＿＿＿

6 みかんを何人かの子どもに分けるのに，５個ずつ分けると４個あまり，７個ずつ分けると６個たりません。子どもは何人いますか。 〔15点〕

式 $(4 + 6) \div (7 - 5) =$

答え ＿＿＿＿＿＿＿＿＿＿＿

7 画用紙を何人かの子どもに分けます。１人に５まいずつ分けると11まいあまり，７まいずつ分けると９まいたりません。子どもは何人いますか。 〔15点〕

式

答え ＿＿＿＿＿＿＿＿＿＿＿

まちがえた問題は，もう一度やりなおしてみよう。

得点 ＿＿＿＿ 点

1 　1mの重さが$1\frac{7}{8}$kgの鉄のぼうがあります。このぼう$1\frac{7}{9}$mの重さは何kgですか。

〔7点〕

式

答え

2 　右の表は，ある日のとれたたまごの重さを記録したものです。　〔1問　7点〕

① 　たまごの重さの平均値を求めましょう。

式

答え

② 　たまごの重さの最頻値を求めましょう。

答え

③ 　たまごの重さの中央値を求めましょう。

答え

④ 　たまごの重さを右の度数分布表に表しましょう。

⑤ 　重さが55g未満のたまごの割合は，全体の何%ですか。

式

答え

⑥ 　重いほうから数えて5番目のたまごは，どの階級に入りますか。

答え

たまごの重さの記録

番号	重さ(g)	番号	重さ(g)	番号	重さ(g)
1	49	5	53	9	55
2	63	6	54	10	72
3	57	7	64	11	67
4	55	8	55	12	64

たまごの重さ

重さ(g)	個数(個)
45以上〜50未満	
50〜55	
55〜60	
60〜65	
65〜70	
70〜75	
合計	

3 　長さ15mのひもと長さ12mのはり金の長さの比を，かんたんな比で表しましょう。

〔7点〕

答え

4 はり金の長さと重さの関係を調べたら，右の表のようになりました。 〔1問 7点〕

長さ(m)	0.5	1	1.5	2	2.5	3	…
重さ(g)	35	70	105	140	175	210	…

① はり金の長さをx m，重さをy gとして，xとyの関係を式で表すと，どのようになりますか。

式 _____

② はり金の重さが350gのとき，長さは何mですか。

式

答え _____

5 あいりさんの家から学校まで1.3kmあります。縮尺が$\dfrac{1}{50000}$の地図では，何cmの長さに表されていますか。 〔7点〕

式

答え _____

6 りくとさんは，1kgが600円のかきを$1\dfrac{3}{5}$ kgと，1kgが500円のみかんを$2\dfrac{3}{4}$ kg買いました。代金は全部で何円になりますか。 〔8点〕

式

答え _____

7 0，1，2，3の4まいのカードのうち2まいをならべて，2けたの整数をつくります。できる2けたの整数を全部書きましょう。 〔7点〕

答え [ ]

8 1500円を姉と妹の2人で分けます。姉は妹の2倍より300円少なくもらいます。姉と妹に，それぞれ何円ずつ分ければよいですか。 〔8点〕

式

答え (姉) _____ (妹) _____

©くもん出版

これまでのまとめだよ。まちがえた問題は，もう一度やりなおそう。

得点 [ ] 点

1 $3\frac{3}{4}$kg の食塩を $\frac{5}{8}$kg ずつふくろに入れます。何ふくろできますか。　〔8点〕

式

答え

2 時速40kmの自動車が 1 時間12分走ると，進む道のりは何kmですか。時間を分数で表して式に書き，答えを求めましょう。　〔8点〕

式

答え

3 ひかりさんと妹は，リボンを 7 : 8 の長さの比で分けます。ひかりさんの分の長さは 1.4m です。妹の分の長さは何mですか。　〔8点〕

式

答え

4 水が90L まで入れられる水そうに，いっぱいになるまで一定の速さで水を入れます。

① 1 分間に入れる水の量を x L，いっぱいになるまでにかかる時間を y 分として，x と y の関係を式で表すと，どのようになりますか。　〔8点〕

式

② 1 分間に18L 入れるとき，いっぱいになるまでに何分かかりますか。　〔8点〕

式

答え

③ 15分でいっぱいにするには，水を 1 分間に何L 入れるとよいですか。　〔10点〕

式

答え

5 画用紙20まいの重さをはかったら144gありました。この画用紙350まいの重さは何gですか。　〔10点〕

式

答え

6 駅と学校は，縮尺$\dfrac{1}{25000}$の地図上で18cmはなれています。実際には何kmはなれていますか。　〔10点〕

式

答え

7 赤，白，青，緑の4色の中から，2色を選びます。どんな組み合わせがありますか。すべての場合を書きましょう。　〔10点〕

答え

8 みかんとりんごをあわせて45個買いました。そのうち，みかんを3個食べると，残りのみかんの数は，りんごの数のちょうど2倍になりました。はじめにみかんを何個買いましたか。　〔10点〕

式

答え

9 かきを何人かの子どもに分けます。1人に5個ずつ分けるとちょうど分けられますが，8個ずつ分けると21個たりません。子どもとかきの数をそれぞれ求めましょう。〔10点〕

式

答え

©くもん出版

次は発展問題だよ。まちがえた問題は，もう一度復習しておこう。

得点　　点

88

1 同じ重さのくぎ6本をはかったら15gでした。これと同じ種類のくぎをたくさん集めて重さをはかったら，12kgありました。12kg分のくぎの本数は何本ですか。

（お茶の水女子大学附属中学校）〔10点〕

式

答え

2 0，1，2，3，4 の5まいの数字のカードがあります。この中から3まいを使ってできる3けたの整数のうち，十の位の数字が一番大きいものは何個ありますか。

（早稲田実業学校中等部）〔10点〕

答え

3 みかんを何人かの子どもたちに分けました。1人に5個ずつ配ると11個あまり，7個ずつ配ると5個たりませんでした。みかんは全部で何個ですか。

（関東学院六浦中学校）〔10点〕

式

答え

4 時速30km，分速600m，秒速5000cmの中のいちばん速い速さで12km進んだとき，何分かかりますか。

（芝浦工業大学柏中学校）〔10点〕

式

答え

5 分速1350mで走っている列車が540mの鉄橋をわたり始めてから，わたり終えるまで26秒かかりました。列車の長さを求めましょう。

（湘南学園中学校・A日程）〔10点〕

式

答え

6 40人中，りんごを好きな人は30人，みかんを好きな人は18人，どちらも好きでない人は6人います。りんごだけを好きな人は何人ですか。 （成蹊中学校）〔10点〕

式

答え

7 長さ12cmの紙テープ18まいをのりでつなぎ，全体の長さを182cmにします。つなぎめののりしろをすべて同じ長さにすると，1か所ののりしろは何cmですか。

（成蹊中学校）〔10点〕

式

答え

8 バスの発着所からA町行きのバスは6分ごと，B町行きは8分ごと，C町行きは12分ごとに発車しています。3方面へのバスが8時48分に同時に発車しました。このあと，11時20分までに，あと何回同時に発車しますか。 （玉川学園中学部）〔10点〕

式

答え

9 ある店で，シャープペンシル6本と消しゴム3個を買うと690円，シャープペンシル8本と消しゴム5個を買うと970円になりました。この店でシャープペンシル1本と消しゴム1個を買うといくらになりますか。 （多摩大学附属聖ヶ丘中学校）〔10点〕

式

答え

10 長さ80cmのひもを切って，AさんとBさんの2人で分けたら，AさんのひもはBさんのひもより10cm長くなりました。Aさんのひもは何cmですか。

（桐光学園中学校）〔10点〕

式

答え

わからなかった問題やむずかしかった問題は，前のほうのページを見ながらもう一度やってみよう。

得点 　　点

※〔 〕は，他の式の立て方や答え方です。

1　5年生の復習 ①　1・2ページ

1　奇数番目は赤になります。　答え 赤

2　$\frac{4}{5}+2\frac{3}{5}=3\frac{2}{5}$　答え $3\frac{2}{5}$ L $\left(\frac{17}{5}$ L$\right)$

3　$1.12×0.75=0.84$　答え 0.84kg

4　$35.5÷3.5=10.1\overset{4}{\cdots}$　答え 約10.1km

5　$(33.4+28.9+38.8)÷3=33.7$

答え 33.7kg

6　$9÷20=0.45$　答え 分速0.45km

7　$18÷30=0.6$　答え 60%

8　$280×0.35=98$　答え 98個

9　$□×0.7=385$

$□=385÷0.7$

$=550$　答え 550人

10　2割5分の利益なので，定価は仕入れ値の1.25に
あたります。

$240×1.25=300$　答え 300円

11　$450-330=120$, $5-3=2$

$120÷2=60$

〔または，$(450-330)÷(5-3)=60$〕

$330-60×3=150$〔または，$450-60×5=150$〕

答え りんご150円，みかん60円

2　5年生の復習 ②　3・4ページ

1　15と18の最小公倍数は90です。

午前9時30分＋90分＝午前11時

答え 午前11時

2　$3\frac{1}{2}-1\frac{1}{3}=2\frac{1}{6}$　答え $2\frac{1}{6}$ L $\left(\frac{13}{6}$ L$\right)$

3　$2.5×2.24=5.6$　答え 5.6L

4　$14.4÷3.2=4.5$　答え 4.5m

5　$4.5kg=4500g$, $4500÷75=60$

〔または，$75g=0.075kg$　$4.5÷0.075=60$〕

答え 60個

6　西小学校　$540÷450=1.2$

東小学校　$728÷560=1.3$

答え 東小学校

7　2.7km＝2700m，$2700÷180=15$

答え 15分

8　$12÷32=0.375$　答え 37.5%

9　$140÷0.35=400$　答え 400円

10　$20÷250=0.08$　答え 8%

11　$57÷(1+2)=19$, $57-19=38$

〔または$19×2=38$〕

答え 赤い色紙38まい，青い色紙19まい

3　文字を使った式の問題 ①　5・6ページ

1　$x+4=12$

$x=12-4$

$x=8$　答え 8個

2　$x-3=7$

$x=7+3$

$x=10$　答え 10dL

3　$x×3=180$

$x=180÷3$

$x=60$　答え 60円

4　$x×4=26$

$x=26÷4$

$x=6.5$　答え 6.5cm

5　$x÷5=3.6$

$x=3.6×5$

$x=18$　答え 18dL

6　①$1.8-0.6$

②$1.8-1.4$

③$1.8-x=y$

7　①$x×3=y$

②$4×3=12$　答え 12cm

③$x×3=42$

$x=42÷3$

$x=14$　答え 14cm

4 文字を使った式の問題 ② 7・8ページ

1 ①$30 + x = y$ ②$300 - x = y$

③$x - 2.5 = y$ ④$450 \times x = y$

⑤$x \times 9 = y$ ⑥$x \times 8 = y$

⑦$70 \div x = y$ ⑧$x \div 5 = y$

2 ①$70 \times x + 80$

②$70 \times x + 80 = y$

③$70 \times x + 80 = 500$

$x = 420 \div 70$

$x = 6$ 答え 6本

3 ①$x \times 8 \times 4 = y$

②$5 \times 8 \times 4 = 160$ 答え 160cm³

③$x \times 8 \times 4 = 192$

$x = 192 \div 32$

$x = 6$ 答え 6cm

5 分数の問題 ① 9・10ページ

1 $3 \times 5 = 15$ 答え 15kg

2 $\dfrac{3}{4} \times 5 = \dfrac{15}{4} = 3\dfrac{3}{4}$ 答え $3\dfrac{3}{4}$kg$\left(\dfrac{15}{4}\text{kg}\right)$

3 $\dfrac{1}{6} \times 7 = \dfrac{7}{6} = 1\dfrac{1}{6}$ 答え $1\dfrac{1}{6}$m$\left(\dfrac{7}{6}\text{m}\right)$

4 $\dfrac{3}{5} \times 6 = \dfrac{18}{5} = 3\dfrac{3}{5}$ 答え $3\dfrac{3}{5}$kg$\left(\dfrac{18}{5}\text{kg}\right)$

5 $1\dfrac{1}{5} \times 3 = 3\dfrac{3}{5}$ 答え $3\dfrac{3}{5}$L$\left(\dfrac{18}{5}\text{L}\right)$

6 $1\dfrac{2}{7} \times 5 = 6\dfrac{3}{7}$ 答え $6\dfrac{3}{7}$m²$\left(\dfrac{45}{7}\text{m}^2\right)$

7 $\dfrac{3}{4} \times 6 = \dfrac{9}{2} = 4\dfrac{1}{2}$ 答え $4\dfrac{1}{2}$L$\left(\dfrac{9}{2}\text{L}\right)$

8 $\dfrac{3}{4} \times 4 = 3$ 答え 3m

9 $\dfrac{5}{8} \times 12 = \dfrac{15}{2} = 7\dfrac{1}{2}$ 答え $7\dfrac{1}{2}$m$\left(\dfrac{15}{2}\text{m}\right)$

10 $1\dfrac{3}{5} \times 10 = 16$ 答え 16kg

ポイント
帯分数のかけ算は，仮分数になおして計算します。

6 分数の問題 ② 11・12ページ

1 $12 \div 3 = 4$ 答え 4kg

2 $\dfrac{7}{10} \div 3 = \dfrac{7}{30}$ 答え $\dfrac{7}{30}$kg

3 $\dfrac{5}{7} \div 2 = \dfrac{5}{14}$ 答え $\dfrac{5}{14}$kg

4 $\dfrac{5}{6} \div 4 = \dfrac{5}{24}$ 答え $\dfrac{5}{24}$m²

5 $1\dfrac{3}{5} \div 3 = \dfrac{8}{15}$ 答え $\dfrac{8}{15}$L

6 $\dfrac{2}{5} \div 3 = \dfrac{2}{15}$ 答え $\dfrac{2}{15}$kg

7 $\dfrac{8}{9} \div 4 = \dfrac{2}{9}$ 答え $\dfrac{2}{9}$L

8 $\dfrac{6}{7} \div 3 = \dfrac{2}{7}$ 答え $\dfrac{2}{7}$kg

9 $\dfrac{3}{4} \div 5 = \dfrac{3}{20}$ 答え $\dfrac{3}{20}$kg

10 $2\dfrac{2}{9} \div 6 = \dfrac{10}{27}$ 答え $\dfrac{10}{27}$m

ポイント
帯分数のわり算は，仮分数になおして計算します。

7 分数の問題 ③ 　13・14ページ

1. $5 \times 4 = 20$ ｜答え｜ 20 L
2. $7 \times \frac{5}{6} = \frac{35}{6} = 5\frac{5}{6}$ ｜答え｜ $5\frac{5}{6}$ L $\left(\frac{35}{6}$ L$\right)$
3. $6 \times \frac{3}{5} = \frac{18}{5} = 3\frac{3}{5}$ ｜答え｜ $3\frac{3}{5}$ m² $\left(\frac{18}{5}$ m²$\right)$
4. $80 \times \frac{3}{4} = 60$ ｜答え｜ 60 円
5. $9 \times \frac{4}{5} = \frac{36}{5} = 7\frac{1}{5}$ ｜答え｜ $7\frac{1}{5}$ L $\left(\frac{36}{5}$ L$\right)$
6. $4 \times 1\frac{2}{3} = \frac{20}{3} = 6\frac{2}{3}$ ｜答え｜ $6\frac{2}{3}$ kg $\left(\frac{20}{3}$ kg$\right)$
7. $320 \times \frac{3}{4} = 240$ ｜答え｜ 240 円
8. $30 \times \frac{5}{6} = 25$ ｜答え｜ 25 g
9. $500 \times 1\frac{3}{4} = 875$ ｜答え｜ 875 円
10. $300 \times 3\frac{5}{6} = 1150$ ｜答え｜ 1150 円

8 分数の問題 ④ 　15・16ページ

1. $\frac{2}{7} \times 3 = \frac{6}{7}$ ｜答え｜ $\frac{6}{7}$ kg
2. $\frac{2}{3} \times \frac{4}{5} = \frac{8}{15}$ ｜答え｜ $\frac{8}{15}$ kg
3. $\frac{1}{8} \times \frac{3}{7} = \frac{3}{56}$ ｜答え｜ $\frac{3}{56}$ kg
4. $\frac{1}{5} \times 1\frac{3}{4} = \frac{7}{20}$ ｜答え｜ 約 $\frac{7}{20}$ m³
5. $1\frac{1}{5} \times \frac{1}{2} = \frac{3}{5}$ ｜答え｜ $\frac{3}{5}$ m²
6. $\frac{3}{5} \times \frac{2}{3} = \frac{2}{5}$ ｜答え｜ $\frac{2}{5}$ m²
7. $\frac{4}{5} \times \frac{3}{4} = \frac{3}{5}$ ｜答え｜ $\frac{3}{5}$ m³
8. $\frac{3}{5} \times 2\frac{2}{9} = \frac{4}{3} = 1\frac{1}{3}$ ｜答え｜ $1\frac{1}{3}$ kg $\left(\frac{4}{3}$ kg$\right)$
9. $1\frac{7}{9} \times \frac{3}{4} = \frac{4}{3} = 1\frac{1}{3}$ ｜答え｜ $1\frac{1}{3}$ m² $\left(\frac{4}{3}$ m²$\right)$
10. $1\frac{5}{7} \times 1\frac{1}{6} = 2$ ｜答え｜ 2 m

9 分数の問題 ⑤ 　17・18ページ

1. $\frac{1}{6} \times 2 = \frac{1}{3}$ ｜答え｜ $\frac{1}{3}$ L
2. $2 \times \frac{1}{4} = \frac{1}{2}$ ｜答え｜ $\frac{1}{2}$ kg
3. $36 \times \frac{2}{3} = 24$ ｜答え｜ 24 m
4. $\frac{3}{4} \times \frac{5}{6} = \frac{5}{8}$ ｜答え｜ $\frac{5}{8}$ m
5. $\frac{4}{5} \times \frac{2}{3} = \frac{8}{15}$ ｜答え｜ $\frac{8}{15}$ kg
6. $\frac{7}{8} \times 2\frac{1}{4} = \frac{63}{32} = 1\frac{31}{32}$ ｜答え｜ $1\frac{31}{32}$ L $\left(\frac{63}{32}$ L$\right)$
7. $360 \times \frac{3}{5} = 216$ ｜答え｜ 216 人
8. $\frac{9}{14} \times 2\frac{1}{3} = \frac{3}{2} = 1\frac{1}{2}$ ｜答え｜ $1\frac{1}{2}$ m $\left(\frac{3}{2}$ m$\right)$
9. $3\frac{1}{5} \times \frac{5}{6} = \frac{8}{3} = 2\frac{2}{3}$ ｜答え｜ $2\frac{2}{3}$ kg $\left(\frac{8}{3}$ kg$\right)$
10. $1\frac{3}{7} \times 2\frac{5}{8} = \frac{15}{4} = 3\frac{3}{4}$ ｜答え｜ $3\frac{3}{4}$ m $\left(\frac{15}{4}$ m$\right)$

ポイント

図に表すと考えやすくなります。

解き方

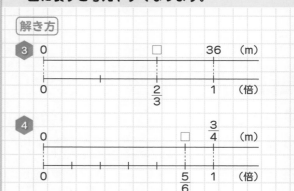

10 分数の問題 ⑥ 　19・20ページ

1. $10 \div 3 = \frac{10}{3} = 3\frac{1}{3}$ ｜答え｜ $3\frac{1}{3}$ L $\left(\frac{10}{3}$ L$\right)$
2. $10 \div \frac{3}{5} = \frac{50}{3} = 16\frac{2}{3}$ ｜答え｜ $16\frac{2}{3}$ L $\left(\frac{50}{3}$ L$\right)$

3 $2 \div \dfrac{1}{3} = 6$　　答え 6 m²

4 $450 \div \dfrac{3}{5} = 750$　　答え 750円

5 $900 \div 1\dfrac{4}{5} = 500$　　答え 500円

6 $\dfrac{5}{8} \div 2 = \dfrac{5}{16}$　　答え $\dfrac{5}{16}$kg

7 $\dfrac{3}{8} \div \dfrac{2}{5} = \dfrac{15}{16}$　　答え $\dfrac{15}{16}$kg

8 $\dfrac{2}{3} \div \dfrac{5}{8} = \dfrac{16}{15} = 1\dfrac{1}{15}$　　答え $1\dfrac{1}{15}$m²$\left(\dfrac{16}{15}$m²$\right)$

9 $\dfrac{7}{10} \div 1\dfrac{2}{5} = \dfrac{1}{2}$　　答え $\dfrac{1}{2}$kg

10 $3\dfrac{1}{8} \div 3\dfrac{3}{4} = \dfrac{5}{6}$　　答え $\dfrac{5}{6}$m²

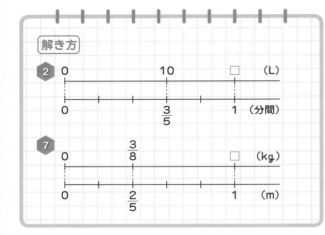

解き方

2
0　　10　　□ (L)
0　　$\dfrac{3}{5}$　　1 (分間)

7
0　$\dfrac{3}{8}$　　□ (kg)
0　　$\dfrac{2}{5}$　　1 (m)

11　分数の問題 ⑦　21・22ページ

1 $12 \div 2 = 6$　　答え 6本

2 $7 \div \dfrac{1}{6} = 42$　　答え 42本

3 $5 \div \dfrac{1}{4} = 20$　　答え 20ぷくろ

4 $6 \div \dfrac{6}{5} = 5$　　答え 5本

5 $4 \div \dfrac{2}{3} = 6$　　答え 6個

6 $2 \div \dfrac{1}{2} = 4$　　答え 4つ

7 $2 \div \dfrac{1}{3} = 6$　　答え 6日

8 $3 \div \dfrac{3}{5} = 5$　　答え 5本

9 $15 \div 1\dfrac{2}{3} = 9$　　答え 9人

10 $18 \div 1\dfrac{1}{5} = 15$　　答え 15本

12　分数の問題 ⑧　23・24ページ

1 $8 \div 2 = 4$　　答え 4倍

2 $3 \div \dfrac{3}{5} = 5$　　答え 5倍

3 $4 \div \dfrac{4}{5} = 5$　　答え 5倍

4 $8 \div \dfrac{8}{9} = 9$　　答え 9倍

5 $14 \div \dfrac{7}{8} = 16$　　答え 16倍

6 $2 \div \dfrac{2}{3} = 3$　　答え 3倍

7 $18 \div 1\dfrac{4}{5} = 10$　　答え 10倍

8 $10 \div \dfrac{3}{2} = \dfrac{20}{3} = 6\dfrac{2}{3}$　　答え $6\dfrac{2}{3}$倍$\left(\dfrac{20}{3}$倍$\right)$

9 $2 \div \dfrac{3}{4} = \dfrac{8}{3} = 2\dfrac{2}{3}$　　答え $2\dfrac{2}{3}$倍$\left(\dfrac{8}{3}$倍$\right)$

10 $3 \div 2\dfrac{1}{4} = \dfrac{4}{3} = 1\dfrac{1}{3}$　　答え $1\dfrac{1}{3}$倍$\left(\dfrac{4}{3}$倍$\right)$

13　分数の問題 ⑨　25・26ページ

1 $6 \div \dfrac{3}{10} = 20$　　答え 20ぷくろ

2 $\dfrac{3}{4} \div \dfrac{1}{12} = 9$　　答え 9ぷくろ

3 $\dfrac{5}{6} \div \dfrac{5}{12} = 2$　　答え 2本

4 $\dfrac{2}{3} \div \dfrac{2}{15} = 5$　　答え 5本

5 $\dfrac{4}{5} \div \dfrac{4}{25} = 5$　　答え 5個

6 $\dfrac{15}{8} \div \dfrac{5}{16} = 6$　　答え 6本

7 $\dfrac{9}{5} \div 0.3 = \dfrac{9}{5} \div \dfrac{3}{10} = 6$　　答え 6人

8 $1\dfrac{2}{3} \div \dfrac{5}{9} = 3$　　答え 3人

⑨ $1\frac{1}{4}÷\frac{5}{8}=2$ 　　答え 2ふくろ

⑩ $7\frac{1}{2}÷1\frac{1}{4}=6$ 　　答え 6本

14 　分数の問題 ⑩ 　　27・28ページ

① $\frac{3}{5}÷\frac{4}{5}=\frac{3}{4}$ 　　答え $\frac{3}{4}$倍

② $\frac{6}{7}÷\frac{15}{14}=\frac{4}{5}$ 　　答え $\frac{4}{5}$倍

③ $\frac{2}{3}÷0.8=\frac{2}{3}÷\frac{4}{5}=\frac{5}{6}$ 　　答え $\frac{5}{6}$倍

④ $\frac{3}{8}÷\frac{1}{3}=\frac{9}{8}=1\frac{1}{8}$ 　　答え $1\frac{1}{8}$m²$\left(\frac{9}{8}\text{m}^2\right)$

⑤ $\frac{7}{9}÷1\frac{1}{6}=\frac{2}{3}$ 　　答え $\frac{2}{3}$m²

⑥ $\frac{7}{8}÷\frac{4}{7}=\frac{49}{32}=1\frac{17}{32}$ 　　答え $1\frac{17}{32}$倍$\left(\frac{49}{32}\text{倍}\right)$

⑦ $1\frac{4}{5}÷\frac{2}{7}=\frac{63}{10}=6\frac{3}{10}$ 　　答え $6\frac{3}{10}$倍$\left(\frac{63}{10}\text{倍}\right)$

⑧ $\frac{4}{9}÷1\frac{5}{7}=\frac{7}{27}$ 　　答え $\frac{7}{27}$倍

⑨ $3\frac{1}{9}÷\frac{8}{15}=\frac{35}{6}=5\frac{5}{6}$ 　　答え $5\frac{5}{6}$倍$\left(\frac{35}{6}\text{倍}\right)$

⑩ $2\frac{6}{7}÷1\frac{11}{14}=\frac{8}{5}=1\frac{3}{5}$ 　　答え $1\frac{3}{5}$倍$\left(\frac{8}{5}\text{倍}\right)$

ポイント
分数の問題も,「何倍か」を求めるときには, わり算を使います。

解き方

① $\frac{4}{5}$kgを1とみたとき, $\frac{3}{5}$kgは$\frac{4}{5}$kgの何倍にあたるかを求めます。

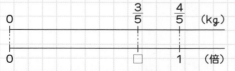

③ 小数を分数になおして計算します。
$0.8=\frac{8}{10}=\frac{4}{5}$

15 　分数の問題 ⑪ 　　29・30ページ

① $500-300×\frac{4}{5}=260$ 　　答え 260円

② $500-200×\frac{3}{4}=350$ 　　答え 350円

③ $5-\frac{5}{6}×4=\frac{5}{3}=1\frac{2}{3}$ 　　答え $1\frac{2}{3}$m$\left(\frac{5}{3}\text{m}\right)$

④ $1-\frac{2}{5}×2=\frac{1}{5}$ 　　答え $\frac{1}{5}$L

⑤ $\frac{1}{5}×6-\frac{1}{5}=1$ 　　答え 1kg

$\left[\text{または, }\frac{1}{5}×(6-1)=1\right]$

⑥ $400×\frac{7}{10}+600×\frac{3}{5}=280+360$
$=640$ 　　答え 640円

⑦ $500×1\frac{3}{4}+1200×\frac{4}{5}=875+960$
$=1835$
　　答え 1835円

⑧ $\frac{7}{8}×20+1\frac{3}{10}×15=\frac{35}{2}+\frac{39}{2}$
$=\frac{74}{2}$
$=37$ 　　答え 37kg

⑨ $(180+240)×\frac{5}{6}=420×\frac{5}{6}$
$=350$ 　　答え 350円

$\left[\text{または, }180×\frac{5}{6}+240×\frac{5}{6}=350\right]$

⑩ $\frac{5}{6}×\left(0.8+\frac{3}{5}\right)=\frac{5}{6}×\left(\frac{4}{5}+\frac{3}{5}\right)=\frac{5}{6}×\frac{7}{5}$
$=\frac{7}{6}=1\frac{1}{6}$

　　答え $1\frac{1}{6}$m²$\left(\frac{7}{6}\text{m}^2\right)$

ポイント
・×や÷は, +や-より先に計算します。
・( )のある式は,( )の中を先に計算します。

16 速さの問題 ①　[31・32ページ]

① $45 \div \frac{3}{4} = 60$ 　　**答え** 時速60km

② $45 \div \frac{45}{60} = 60$ 　　**答え** 時速60km

③ $24 \div \frac{40}{60} = 36$ 　　**答え** 時速36km

④ $4 \div \frac{20}{60} = 12$ 　　**答え** 時速12km

⑤ $150 \div \frac{24}{60} = 375$ 　　**答え** 分速375m

⑥ $100 \div \frac{18}{60} = \frac{1000}{3} = 333\frac{1}{3}$

　　答え 分速$333\frac{1}{3}$m$\left(分速\frac{1000}{3}m\right)$

⑦ 1時間20分＝80分＝$\frac{80}{60}$時間

$1000 \div \frac{80}{60} = 750$ 　　**答え** 時速750km

⑧ 1時間15分＝75分＝$\frac{75}{60}$時間

$40 \div \frac{75}{60} = 32$ 　　**答え** 時速32km

⑨ 2時間20分＝140分＝$\frac{140}{60}$時間

$105 \div \frac{140}{60} = 45$ 　　**答え** 時速45km

⑩ 2時間15分＝135分＝$\frac{135}{60}$時間

$100 \div \frac{135}{60} = \frac{400}{9} = 44\frac{4}{9}$

　　答え 時速$44\frac{4}{9}$km$\left(時速\frac{400}{9}km\right)$

ポイント

速さ＝道のり÷時間

---

17 速さの問題 ②　[33・34ページ]

① $60 \times \frac{45}{60} = 45$ 　　**答え** 45km

② $13 \times \frac{50}{60} = \frac{65}{6} = 10\frac{5}{6}$ 　　**答え** $10\frac{5}{6}$km$\left(\frac{65}{6}km\right)$

③ 1時間45分＝105分＝$\frac{105}{60}$時間

$80 \times \frac{105}{60} = 140$ 　　**答え** 140km

④ 1時間24分＝84分＝$\frac{84}{60}$時間

$40 \times \frac{84}{60} = 56$ 　　**答え** 56km

⑤ $\frac{15}{4} \times \frac{25}{60} = \frac{25}{16} = 1\frac{9}{16}$ 　　**答え** $1\frac{9}{16}$km$\left(\frac{25}{16}km\right)$

⑥ $34 \div 40 = \frac{17}{20}$,　$\frac{17}{20}$時間＝51分

　　答え 51分〔51分間〕

⑦ $880 \div 480 = \frac{11}{6} = 1\frac{5}{6}$

$1\frac{5}{6}$時間＝1時間50分

　　答え 1時間50分

⑧ $6 \div \frac{3}{14} = 28$ 　　**答え** 28分〔28分間〕

⑨ $2 \div \frac{15}{4} = \frac{8}{15}$,　$\frac{8}{15}$時間＝32分

　　答え 32分〔32分間〕

⑩ $11 \div \frac{55}{4} = \frac{4}{5}$,　$\frac{4}{5}$時間＝48分

　　答え 48分〔48分間〕

ポイント

道のり＝速さ×時間

時間＝道のり÷速さ

解き方

⑨ 問題文が「かかった時間は何分ですか。」

なので，時間を分になおします。

$\frac{8}{15}$時間＝$\left(60 \times \frac{8}{15}\right)$分＝32分

1 $\frac{3}{4} \div \frac{2}{3} = \frac{9}{8} = 1\frac{1}{8}$ 　答え $1\frac{1}{8}$倍$\left(\frac{9}{8}倍\right)$

2 $\frac{3}{4} \div \frac{2}{3} = \frac{9}{8} = 1\frac{1}{8}$ 　答え $1\frac{1}{8}\left(\frac{9}{8}\right)$

3 $\frac{8}{9} \div \frac{1}{2} = \frac{16}{9} = 1\frac{7}{9}$ 　答え $1\frac{7}{9}\left(\frac{16}{9}\right)$

4 $\left(\frac{4}{5} - \frac{2}{5}\right) \div \frac{4}{5} = \frac{1}{2}$ 　答え $\frac{1}{2}$

5 $\left(\frac{5}{6} - \frac{1}{6}\right) \div \frac{5}{6} = \frac{4}{5}$ 　答え $\frac{4}{5}$

6 $\left(\frac{3}{4} - \frac{1}{4}\right) \div \frac{3}{4} = \frac{2}{3}$ 　答え $\frac{2}{3}$

7 $\frac{2}{5} \div \left(\frac{2}{5} + \frac{1}{3}\right) = \frac{6}{11}$ 　答え $\frac{6}{11}$

8 $\frac{1}{2} \div \left(\frac{1}{2} + \frac{1}{3}\right) = \frac{3}{5}$ 　答え $\frac{3}{5}$

9 $\frac{1}{4} \div \left(\frac{3}{5} + \frac{1}{4}\right) = \frac{5}{17}$ 　答え $\frac{5}{17}$

10 $\frac{1}{4} \div \left(\frac{3}{8} + \frac{1}{4}\right) = \frac{2}{5}$ 　答え $\frac{2}{5}$

ポイント

割合＝くらべる量÷もとにする量

解き方

図に表すと考えやすくなります。

2
0 ── $\frac{2}{3}$ $\frac{3}{4}$ (m)

0 ── 1 □ (割合)

7 もとにする量は2人で飲んだ量で，
$\left(\frac{2}{5} + \frac{1}{3}\right)$Lです。

1 $120 \times \frac{3}{4} = 90$ 　答え 90人

2 $2 \times \frac{3}{4} = \frac{3}{2} = 1\frac{1}{2}$ 　答え $1\frac{1}{2}$L$\left(\frac{3}{2}L\right)$

3 $240 \times \frac{3}{8} = 90$ 　答え 90ページ

4 $\frac{3}{4} \times \frac{2}{3} = \frac{1}{2}$ 　答え $\frac{1}{2}$L

5 $\frac{4}{5} \times \frac{1}{2} = \frac{2}{5}$ 　答え $\frac{2}{5}$m

6 $90 \div \frac{3}{4} = 120$ 　答え 120人

7 $3 \div \frac{3}{4} = 4$ 　答え 4 L

8 $144 \div \frac{9}{10} = 160$ 　答え 160cm

9 $\frac{4}{7} \div 0.8 = \frac{4}{7} \div \frac{4}{5} = \frac{5}{7}$ 　答え $\frac{5}{7}$L

10 $\frac{8}{9} \div \frac{2}{3} = \frac{4}{3} = 1\frac{1}{3}$ 　答え $1\frac{1}{3}$L$\left(\frac{4}{3}L\right)$

ポイント

くらべる量＝もとにする量×割合

もとにする量＝くらべる量÷割合

解き方

2
0 ── □ 2 (L)

0 ── $\frac{3}{4}$ 1 (割合)

7
0 ── 3 □ (L)

0 ── $\frac{3}{4}$ 1 (割合)

20　資料の調べ方　①　39・40ページ

1 ①(48＋38＋42＋50＋52＋47＋43＋48)÷8
　　＝46　　　　　　　　　　**答え** 46回

②(39＋46＋51＋44＋49＋38＋41＋47＋50)
　　÷9＝45　　　　　　　　　**答え** 45回

③1班

2 ①4人

②8人

③20点

3 ①(23＋24＋30＋40＋32＋19＋28＋19＋26＋
　　16＋21＋14＋28＋37＋23＋33＋25＋24＋21
　　＋22)÷20＝25.25　　　　　**答え** 約25.3m
　　　　　　　　　　3

②(23＋36＋24＋30＋29＋34＋25＋29＋24＋
　　33＋24＋25＋23＋22＋26＋27＋24＋19＋
　　25)÷19＝26.42…　　　　　**答え** 約26.4m
　　　　　　　2

※①②の式は、表をたてにたしていってもよい。

③

④
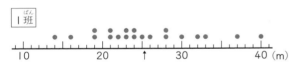

⑤1班　40m
　　2班　36m

ポイント

・データの平均の値のことを、平均値といいます。

・数直線の上にデータを●（ドット）で表した図を、ドットプロットといいます。

解き方

1 ①② 平均値＝合計÷個数

2 ① 数直線の12の目もりの上にある●の数を数えます。

3 ①② $\frac{1}{100}$ の位を四捨五入します。

③ 同じ値があるときは、上に積み上げてかきます。

④ 1班は25.3m、2班は26.4mのところに↑をかきます。

21　資料の調べ方　②　41・42ページ

1 ①(12＋20＋15＋5＋13＋11＋15＋25＋10＋12
　　＋14＋9＋13＋18＋10＋22＋14＋8＋15)
　　÷19＝13.73…　　　　　　**答え** 約13.7分

②15分

③13分

2 ①3人

②23m

③24m

3 ①1組　5人　　2組　7人

②(1＋2＋2＋3＋3＋4＋5＋5＋6＋7＋8＋8＋8＋
　　9＋9＋11＋11＋12＋13＋13)÷20＝7
　　　　　　　　　　　　　　答え 7時間

③(2＋3＋4＋5＋5＋6＋6＋6＋7＋7＋8＋9＋10
　　＋10＋11＋12＋12＋14＋15)÷19＝8
　　　　　　　　　　　　　　答え 8時間

④2組　　⑤1組　　⑥1組

ポイント

- データの中で，最も多く出てくる値を最頻値といいます。
- データを大きさの順にならべたときの中央の値を，中央値といいます。
  データの数が奇数…中央の値が中央値
  データの数が偶数…中央の2つの値の平均が中央値

解き方

1 ② 最も多く出てくる値は，3人の15分です。
③ データの値を小さい順にならべて，中央の値を調べます。

5, 8, 9, 10, 10, 11, 12, 12, 13, ⑬, 14, 14, 15, 15, 15, 18, 20, 22, 25

2 ① 30m以上では，●の数は3個なので，3人になります。
② ●の数が最も多い目もりの値が最頻値です。
③ ●の数は19個あるので，左から●の数を数えて10番目の値が中央値になります。
データの値を小さいほうから順にならべて，調べてもよいです。

3 ⑤ 1組の最頻値は8時間，2組の最頻値は6時間です。
⑥ 1組の中央値は，（7＋8）÷2＝7.5で，7.5時間，2組の中央値は7時間です。

22 資料の調べ方 ③ 43・44ページ

1 ①5mごと

②20m以上25m未満
③30m以上35m未満
④

ソフトボール投げ（2班）

きょり（m）	人数（人）
10以上～15未満	0
15～20	1
20～25	5
25～30	2
30～35	2
35～40	1
40～45	1
合計	12

⑤5人
⑥4人

2 ①

東小屋のたまごの重さ

重さ（g）	個数（個）
45以上～50未満	1
50～55	2
55～60	4
60～65	3
65～70	2
70～75	0
合計	12

西小屋のたまごの重さ

重さ（g）	個数（個）
45以上～50未満	2
50～55	2
55～60	1
60～65	3
65～70	2
70～75	1
合計	11

②東小屋　55g以上60g未満
　西小屋　60g以上65g未満
③東小屋　4個　西小屋　1個
④西小屋

ポイント

- 「10以上」とは，10に等しいか，10より大きい数です。
- 「10未満」とは，10より小さい数です。10は入りません。

解き方

1 ③ 「度数」とは，それぞれの階級に入っているデータの個数です。
⑥ 2＋1＋1＝4（人）
2 ④ 東小屋　1＋2＝3（個）
　　西小屋　2＋2＝4（個）

6年生　文章題

99

1 ①

ソフトボール投げの記録

きょり（m）	人数（人）
10以上〜15未満	1
15〜20	2
20〜25	7
25〜30	5
30〜35	5
35〜40	2
40〜45	2
合計	24

②2人

③

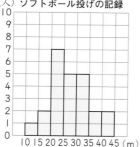

（人）ソフトボール投げの記録

④1＋2＋7＝10　　　　　答え 10人

⑤（5＋2＋2）÷24＝0.375　　答え 37.5%

2 ①（1＋4）÷20＝0.25　　答え 25%

②（1＋4＋3）÷16＝0.5　　答え 50%

③

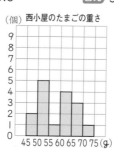

（個）東小屋のたまごの重さ　　（個）西小屋のたまごの重さ

④東小屋　55g以上60g未満

　西小屋　50g以上55g未満

⑤東小屋　57.7g

　西小屋　58.5g

⑥重さの平均値　西小屋

　いちばん度数の多い階級　東小屋

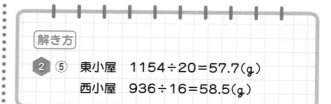

解き方

2 ⑤　東小屋　1154÷20＝57.7（g）

　　　西小屋　936÷16＝58.5（g）

24 比の問題 ①　47・48ページ

1 答え 2：3

2 答え 3：5

3 （8：12＝2：3）　　　　答え 2：3

4 （64：56＝8：7）　　　　答え 8：7

5 （12：16＝3：4）　　　　答え 3：4

6 （45＋39＝84，37＋43＝80，

　84：80＝21：20）　　　答え 21：20

7 （18－4＝14，20－2＝18，

　14：18＝7：9）　　　　答え 7：9

8 （16÷4＝4，24÷4＝6，

　4：6＝2：3）　　　　　答え 2：3

9 （8÷4＝2，16÷4＝4，2×2＝4，

　4×4＝16，4：16＝1：4）　答え 1：4

10 （360：30＝12：1）　　答え 12：1

ポイント

かんたんな比で表すには，両方の数を同じ数
（最大公約数）でわります。

解き方

4　64÷8＝8，56÷8＝7

8　1辺の長さ＝まわりの長さ÷4

9　正方形の面積＝1辺×1辺

10　時計の長いはりは，1時間に1回転するの
で，角の大きさは360°です。短いはりは，1時
間に5目もり分回転するので，角の大きさは，
360÷60×5＝30で，30°になります。

1 4：5＝□：60
　　　□＝4×12
　　　□＝48　　　　　　答え 48kg

2 3：4＝□：48
　　　□＝3×12
　　　□＝36　　　　　　答え 36cm

3 3：8＝□：400
　　　□＝3×50
　　　□＝150　　　　　答え 150mL

4 1：9＝□：450
　　　□＝1×50
　　　□＝50　　　　　　答え 50g

5 8：9＝□：18
　　　□＝8×2
　　　□＝16　　　　　　答え 16m

6 4：9＝□：378
　　　□＝4×42
　　　□＝168　　　　　答え 168km²

7 4：3＝200：□
　　　□＝3×50
　　　□＝150　　　　　答え 150g

8 2：7＝120：□
　　　□＝7×60
　　　□＝420　　　　　答え 420さつ

9 4：7＝□：280
　　　□＝4×40
　　　□＝160　　　　　答え 160まい

10 2：9＝□：180
　　　□＝2×20
　　　□＝40　　　　　　答え 40g

解き方

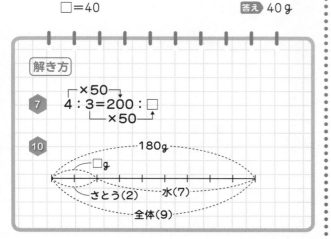

7
　　┌─×50─┐
　4：3＝200：□
　　└──×50──┘

10

180g
□g
さとう(2)　水(7)
全体(9)

---

1 ⑤

2 ①2倍，3倍になる。　②$\frac{1}{2}$，$\frac{1}{3}$になる。
　　③いつも3になる。　④$y＝3×x$

3 ①$y＝80×x$
　　②$y＝80×4.5$
　　　$y＝360$　　　　　答え 360円
　　③$480＝80×x$
　　　$x＝480÷80$
　　　$x＝6$　　　　　　答え 6m

4 ①左から順に，6，8，10，12
　　②$y＝2×x$
　　③$y＝2×9$
　　　$y＝18$　　　　　　答え 18kg
　　④$24＝2×x$
　　　$x＝24÷2$
　　　$x＝12$　　　　　　答え 12m

ポイント

2つの量について，一方の量が2倍，3倍，…になると，もう一方の量も2倍，3倍，…になるとき，この2つの量は比例しています。

解き方

1 あ　底辺の長さが2倍，3倍，…になると，高さは$\frac{1}{2}$，$\frac{1}{3}$，…になるので，比例していません。

　　い　時間が1分増えるごとに，長さは0.4cmずつ減っているので，比例していません。

2 ④　yがxに比例するとき，xとyの関係は，「$y＝$決まった数$×x$」の式で表すことができます。

3 代金はリボンの長さに比例しています。

1 ①$12 \div 5 = \frac{12}{5}$, $60 \times \frac{12}{5} = 144$

答え 144km

②$60 \div 5 = 12$, $12 \times 12 = 144$

答え 144km

2 $72 \times (24 \div 8) = 216$ 答え 216g

3 $45 \times (12 \div 5) = 108$ 答え 108L

4 $85 \times (24 \div 6) = 340$ 答え 340g

5 ①● $20 \div 50 = 0.4$, $0.4 \times 70 = 28$

● $20 \times (70 \div 50) = 28$ 答え 28g

②$20 \times (3 \div 50) = \frac{6}{5} = 1\frac{1}{5}$

〔または, $0.4 \times 3 = 1.2$g〕

答え $1\frac{1}{5}$g $\left(\frac{6}{5}$g, 1.2g$\right)$

6 ①$88 \times (5 \div 1) = 440$ 答え およそ440まい

②$40 \times (528 \div 48) = 440$ 答え およそ440まい

③$48 \times (1000 \div 40) = 1200$ 答え およそ1.2kg

解き方

2 体積は, $(24 \div 8)$倍になるので, 重さも, $(24 \div 8)$倍になります。

6 ① 長方形の紙のまい数は, 厚さに比例します。厚さが$(5 \div 1)$倍あるので, まい数も$(5 \div 1)$倍になります。

② 長方形の紙の重さは, まい数に比例します。重さが$(528 \div 48)$倍あるので, まい数も$(528 \div 48)$倍になります。

③ 1000まいの重さは, 40まいの重さの$(1000 \div 40)$倍です。

1 ○

2 ①左から順に, 6, 4.8, 4

②$\frac{1}{2}$, $\frac{1}{3}$になる。

③2倍, 3倍になる。

④$y = 24 \div x$

3 ①左から順に, 100, 60

②2倍, 3倍になる。

③$y = 300 \div x$〔$x \times y = 300$〕

4 ①左から順に, 3, 2.4, 2

②$y = 12 \div x$〔$x \times y = 12$〕

③$y = 12 \div 8$

$y = \frac{3}{2} = 1\frac{1}{2}$〔または, $y = 1.5$〕

答え $1\frac{1}{2}$時間$\left(\frac{3}{2}$時間, 1.5時間$\right)$

④2時間半$= 2\frac{1}{2}$時間〔または2.5時間〕

$2\frac{1}{2} = 12 \div x$

$x = 12 \div 2\frac{1}{2}$ 〔または, $x = 12 \div 2.5$ $x = 4.8$〕

$x = \frac{24}{5} = 4\frac{4}{5}$

答え 時速$4\frac{4}{5}$km$\left(\frac{24}{5}$km, 4.8km$\right)$

ポイント

xが2倍, 3倍, …になると, yが$\frac{1}{2}$, $\frac{1}{3}$, …になるとき, yがxに反比例するといいます。

解き方

1 あとうは, 反比例ではなく比例しています。

2 ④ yがxに反比例するとき, xとyの関係は, 「$y =$決まった数$\div x$」の式で表すことができます。また, たての長さと横の長さの積は, いつも24です。

29 比例・反比例の問題 ④ 57・58ページ

1 $5 \times 8 = 40$
$40 \div 4 = 10$　**答え** 10cm

2 $60 \times 25 = 1500$
$1500 \div 75 = 20$　**答え** 20分

3 $6 \times 30 = 180$
$180 \div 10 = 18$　**答え** 18分

4 $90 \times 4 = 360$
$360 \div 1.5 = 240$　**答え** 時速240km

5 $3 \times 12 = 36$
$36 \div 9 = 4$　**答え** 4cm

6 $4 \times 12 = 48$
$48 \div 6 = 8$　**答え** 8cm

7 $65 \times 14 = 910$
$910 \div 70 = 13$　**答え** 13分

8 $2 \times 15 = 30$
$30 \div 6 = 5$　**答え** 5m³

9 $45 \times 1.2 = 54$
$54 \div 3 = 18$　**答え** 時速18km

10 $10 \times 15 = 150$
$150 \div 12.5 = 12$　**答え** 12cm

30 縮図と拡大図の問題 ① 59・60ページ

1 $10 \div 500000 = \dfrac{1}{50000}$　**答え** $\dfrac{1}{50000}$

2 $5 \div 20000 = \dfrac{1}{4000}$　**答え** $\dfrac{1}{4000}$

3 $600000 \times \dfrac{1}{50000} = 12$　**答え** 12cm

4 $25000 \times \dfrac{1}{2000} = 12.5$　**答え** 12.5cm

5 $1000000 \times \dfrac{1}{25000} = 40$　**答え** 40cm

6 $4.8 \times 50000 = 240000$
240000cm＝2.4km　**答え** 2.4km

7 $12 \times 50000 = 600000$，600000cm＝6km
答え 6km

8 ●（たて）$2.5 \times 1000 = 2500$，
2500cm＝25m　**答え** 25m
●（横）$1.4 \times 1000 = 1400$，1400cm＝14m
答え 14m

9 $4 \times 2000 = 8000$，8000cm＝80m
$8.5 \times 2000 = 17000$，17000cm＝170m
$80 \times 170 = 13600$　**答え** 13600m²

31 縮図と拡大図の問題 ② 61・62ページ

1 ①$3000 \times \dfrac{1}{500} = 6$　**答え** 6cm

②

③約5cm
④$5 \times 500 = 2500$，2500cm＝25m
答え 約25m

2 $3000 \times \dfrac{1}{1000} = 3$（cm）
$4000 \times \dfrac{1}{1000} = 4$（cm）
よって，三角形ABCの縮図は右
の図のようになる。
縮図よりACは約5cm
$5 \times 1000 = 5000$，
5000cm＝50m　**答え** 約50m

3 縮図はBCが4cm，角B56°，角C90°の直角三角形
となる。
縮図よりACは約6cm
$6 \times 500 = 3000$，3000cm＝30m
$30 + 1.3 = 31.3$　**答え** 約31.3m

4 縮図はBCが5cm，角B31°，角C90°の直角三角形
となる。
縮図よりACは約3cm
$3 \times 500 = 1500$，1500cm＝15m
$15 + 1.4 = 16.4$　**答え** 約16.4m

解き方

2 単位に気をつけましょう。1m＝100cm
なので，30m＝3000cmです。

32 場合の数の問題 ① 63・64ページ

1
えいた	こはる	そうま
えいた	そうま	こはる
こはる	えいた	そうま
こはる	そうま	えいた
そうま	えいた	こはる
そうま	こはる	えいた

2
A－B－C－D, A－B－D－C, A－C－B－D
A－C－D－B, A－D－B－C, A－D－C－B
B－A－C－D, B－A－D－C, B－C－A－D
B－C－D－A, B－D－A－C, B－D－C－A
C－A－B－D, C－A－D－B, C－B－A－D
C－B－D－A, C－D－A－B, C－D－B－A
D－A－B－C, D－A－C－B, D－B－A－C
D－B－C－A, D－C－A－B, D－C－B－A

3 〔123，132，213，231，312，321〕

4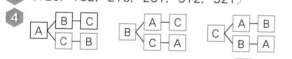

答え 6とおり

5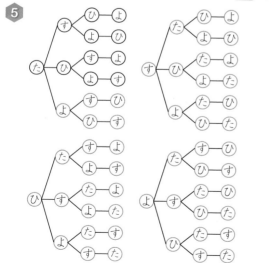

答え 24とおり

6 24とおり

解き方

1 まず，１番目の人を決め，残りから２番目
の人を決めます。最後に残った人が３番目に
なります。

6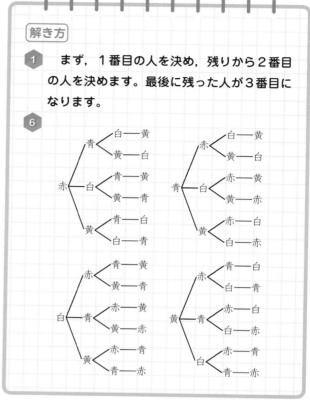

33 場合の数の問題 ② 65・66ページ

1
はるか―みつき，はるか―ゆうな，はるか―ひまり
みつき―はるか，みつき―ゆうな，みつき―ひまり
ゆうな―はるか，ゆうな―みつき，ゆうな―ひまり
ひまり―はるか，ひまり―みつき，ひまり―ゆうな

2
赤と青，赤と白，赤と黄
青と赤，青と白，青と黄
白と赤，白と青，白と黄
黄と赤，黄と青，黄と白

3 〔12，13，21，23，31，32〕

4 〔10，12，13，20，21，23，30，31，32〕

5 ①〔0.1，0.2，0.3〕
②〔0.1，0.2，0.3，1.2，1.3
2.1，2.3〕

6 ① $\frac{3}{4}$, $\frac{3}{5}$, $\frac{4}{5}$, $\frac{3}{6}$, $\frac{4}{6}$, $\frac{5}{6}$
② $\frac{4}{3}$, $\frac{5}{3}$, $\frac{6}{3}$, $\frac{5}{4}$, $\frac{6}{4}$, $\frac{6}{5}$

④ 十の位は，4まいの数字カードの数字のうち，1，2，3のどれかになります。

34　場合の数の問題　③　　67・68ページ

1 ①
おもて	—	おもて
おもて	—	うら
うら	—	おもて
うら	—	うら

②4とおり

2
おもて	—	おもて	—	おもて
おもて	—	おもて	—	うら
おもて	—	うら	—	おもて
おもて	—	うら	—	うら
うら	—	おもて	—	おもて
うら	—	おもて	—	うら
うら	—	うら	—	おもて
うら	—	うら	—	うら

3 ①（たくみ）—（こはる）
グー—グー，グー—チョキ，グー—パー
チョキ—グー，チョキ—チョキ，チョキ—パー
パー—グー，パー—チョキ，パー—パー

②3とおり

4
バス—リフト，バス—ケーブルカー，
バス—徒歩，電車—リフト，
電車—ケーブルカー，電車—徒歩，
タクシー—リフト，タクシー—ケーブルカー，
タクシー—徒歩，船—リフト，
船—ケーブルカー，船—徒歩

5 （大きいさいころ）—（小さいさいころ）
1—6，2—5，3—4，4—3
5—2，6—1

6
アーエーキークーケ，アーエーオークーケ
アーエーオーカークーケ，アーイーオークーケ
アーイーオーカークーケ，アーイーウーカーケ

35　場合の数の問題　④　　69・70ページ

1
えいた—そうま，えいた—ひろと
そうま—ひろと

2
A—B, A—C, A—D
B—C, B—D, C—D

3
A—B, A—C, A—D, A—E
B—C, B—D, B—E, C—D
C—E, D—E

4
赤—青，赤—黄，赤—白，赤—緑
青—黄，青—白，青—緑，黄—白
黄—緑，白—緑

5 ①
あいり—さくら，あいり—ももか
あいり—つむぎ，さくら—ももか
さくら—つむぎ，ももか—つむぎ

②6とおり

6 6とおり

7 ①
りんご—みかん—もも
りんご—みかん—ぶどう
りんご—もも—ぶどう
みかん—もも—ぶどう

②4とおり

8 10とおり

ポイント
組み合わせは順番を考えないので，（A-B）と
（B-A）が同じになることに気をつけましょう。

解き方

1 えいた—そうま と そうま—えいた は同じ組み合わせになります。同じように，
えいた—ひろと とひろと—えいた，
そうま—ひろと とひろと—そうま は，それぞれ同じ組み合わせです。

6 りんご—ぶどう，りんご—なし，りんご—かき，ぶどう—なし，ぶどう—かき，なし—かきて，6とおりです。

36 　場合の数の問題　⑤　71・72ページ

1 　(1円と10円で)11円, (1円と50円で)51円,
　(1円と100円で)101円, (10円と50円で)60円,
　(10円と100円で)110円, (50円と100円で)150円

2 　(10円と50円で)60円, (10円と100円で)110円,
　(10円と500円で)510円, (50円と100円で)150円,
　(50円と500円で)550円, (100円と500円で)600円

3 　(1円と5円で)6円, (1円と10円で)11円,
　(1円と50円で)51円, (5円と10円で)15円,
　(5円と50円で)55円, (10円と50円で)60円

4 　(1ℊと2ℊで)3ℊ, (1ℊと4ℊで)5ℊ,
　(1ℊと8ℊで)9ℊ, (2ℊと4ℊで)6ℊ,
　(2ℊと8ℊで)10ℊ, (4ℊと8ℊで)12ℊ

5 　(1円―5円―10円で)16円
　(1円―5円―50円で)56円
　(1円―10円―50円で)61円
　(5円―10円―50円で)65円

6 　(1個) 100円, 500円
　(2個) 200円, 600円, 1000円
　(3個) 700円, 1100円
　(4個) 1200円

7 　(分銅1個) 1ℊ, 2ℊ, 4ℊ
　(分銅2個) 3ℊ, 5ℊ, 6ℊ
　(分銅3個) 7ℊ

8 　(分銅1個) 5ℊ, 10ℊ, 20ℊ, 40ℊ
　(分銅2個) 15ℊ, 25ℊ, 30ℊ, 45ℊ,
　　　　　 50ℊ, 60ℊ
　(分銅3個) 35ℊ, 55ℊ, 65ℊ, 70ℊ
　(分銅4個) 75ℊ

37 　いろいろな問題　①　73・74ページ

1 　$5625 \div (60 + 65) = 45$

　　答え 45分後

2 　$3350 \div (70 + 64) = 25$

　　答え 25分後

3 　$4200 \div 60 = 70$, 時速4.2km＝分速70m,
　　$4800 \div 60 = 80$, 時速4.8km＝分速80m,
　　$12000 \div (70 + 80) = 80$, 80分＝1時間20分

　　答え 1時間20分後

　　または, $12 \div (4.2 + 4.8) = \dfrac{4}{3}$
　　$\dfrac{4}{3}$時間＝1時間20分

4 　$1000 \div (10 + 15) = 40$

　　答え 40分

5 　$2700 \div (150 + 300) = 6$

　　答え 6か月後

6 　$3000 \div (80 + 70) = 20$

　　答え 20分後

7 　$225 \div (40 + 50) = 2.5$

　　答え 2.5時間後

8 　$2000 \div (250 - 125) = 16$

　　答え 16分後

9 　$450 \div (350 - 200) = 3$

　　答え 3か月後

10 　$60 \times 14 \div (200 - 60) = 6$

　　答え 6分後

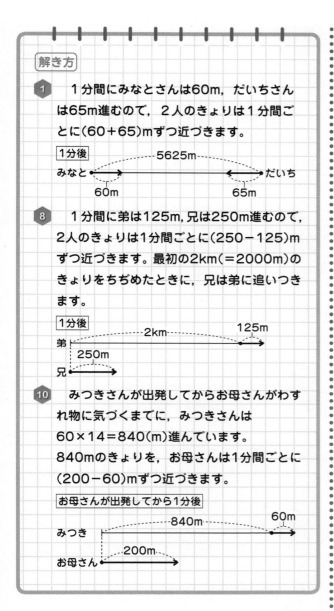

解き方

1　１分間にみなとさんは60m，だいちさんは65m進むので，２人のきょりは１分間ごとに(60＋65)mずつ近づきます。

1分後

5625m

みなと　←60m→　　　←65m→　だいち

8　１分間に弟は125m，兄は250m進むので，２人のきょりは１分間ごとに(250－125)mずつ近づきます。最初の2km(＝2000m)のきょりをちぢめたときに，兄は弟に追いつきます。

1分後

弟　　2km　　　125m

兄　250m

10　みつきさんが出発してからお母さんがわすれ物に気づくまでに，みつきさんは60×14＝840(m)進んでいます。840mのきょりを，お母さんは１分間ごとに(200－60)mずつ近づきます。

お母さんが出発してから1分後

みつき　←840m→　　60m

お母さん　←200m→

38　いろいろな問題　②　75・76ページ

1　●1000÷5×2＝400　　　答え 400円

　●1000÷5×3＝600

　〔または1000－400＝600〕　答え 600円

2　(姉)1800÷6×4＝1200

　(妹)1800÷6×2＝600

　〔または，1800－1200＝600〕

　　　答え (姉)1200円，(妹)600円

3　(みゆ)140÷7×4＝80

　(りん)140÷7×3＝60

　〔または，140－80＝60〕

　　　答え (みゆ)80まい，(りん)60まい

4　88÷11×8＝64　　　　答え 64cm

5　140÷10×6＝84　　　答え 84cm

解き方

1　1000円を５等分したうちの２つ分が弟の分，３つ分が兄の分になります。

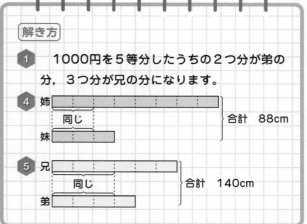

4　姉　　　　　　　　　　合計　88cm
　　同じ
　妹

5　兄　　　　　　　　　合計　140cm
　　同じ
　弟

39　いろいろな問題　③　77・78ページ

1　●(500－20)÷3＝160　　　答え 160円

　●160×2＋20＝340

　〔または，500－160＝340〕　答え 340円

2　(小さな箱)(140－20)÷4＝30

　(大きな箱)30×3＋20＝110

　〔または，140－30＝110〕

　　　答え (大きな箱)110個，(小さな箱)30個

③ $(35-3)\div4=8$, $8\times3+3=27$

〔または, $(35-3)\div4=8$, $35-8=27$〕 　答え 27個

④ ● $(1100+100)\div3=400$ 　答え 400円

　● $400\times2-100=700$ 　答え 700円

　　　〔または, $1100-400=700$〕

⑤ （ゆうき）$(2500+200+300)\div6=500$

　（はると）$500\times2-200=800$

　（ひかり）$500\times3-300=1200$

　　　答え （はると）800円, （ゆうき）500円,

　　　　　　（ひかり）1200円

⑥ （A）$(620-50+30)\div6=100$

　（B）$100\times2+50=250$

　（C）$100\times3-30=270$

　　　答え （A）100円, （B）250円, （C）270円

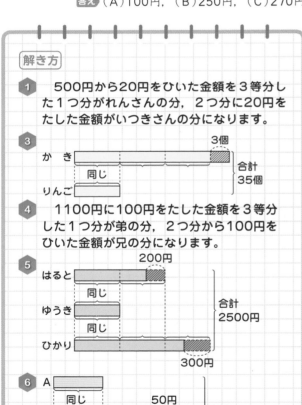

解き方

① 500円から20円をひいた金額を3等分した1つ分がれんさんの分, 2つ分に20円をたした金額がいつきさんの分になります。

③
かき ［図：合計35個, 3個〕
りんご
同じ

④ 1100円に100円をたした金額を3等分した1つ分が弟の分, 2つ分から100円をひいた金額が兄の分になります。

⑤
はると ［200円〕
ゆうき
ひかり ［300円〕
合計2500円
同じ

⑥
A
B ［50円〕
C ［30円〕
合計620円
同じ

---

① ● 答え （A）$\dfrac{1}{10}$ 　（B）$\dfrac{1}{15}$

　● $\dfrac{1}{10}+\dfrac{1}{15}=\dfrac{1}{6}$ 　答え $\dfrac{1}{6}$

　● $1\div\dfrac{1}{6}=6$ 　答え 6日

② ● $\dfrac{1}{9}+\dfrac{1}{18}=\dfrac{1}{6}$ 　答え $\dfrac{1}{6}$

　● $1\div\dfrac{1}{6}=6$ 　答え 6日

③ $1\div\left(\dfrac{1}{20}+\dfrac{1}{30}\right)=12$ 　答え 12日

④ $1\div\left(\dfrac{1}{10}+\dfrac{1}{12}+\dfrac{1}{15}\right)=4$ 　答え 4日

⑤ ● 答え $\dfrac{1}{12}$

　● $\dfrac{1}{8}-\dfrac{1}{12}=\dfrac{1}{24}$ 　答え $\dfrac{1}{24}$

　● $1\div\dfrac{1}{24}=24$ 　答え 24日

⑥ $\dfrac{1}{9}-\dfrac{1}{12}=\dfrac{1}{36}$ 　　$1\div\dfrac{1}{36}=36$ 　答え 36日

⑦ $\dfrac{1}{15}-\dfrac{1}{20}=\dfrac{1}{60}$ 　　$1\div\dfrac{1}{60}=60$ 　答え 60日

ポイント

全体を1とみて, それぞれが1日に, 全体のどれだけの仕事ができるかを考えます。

解き方

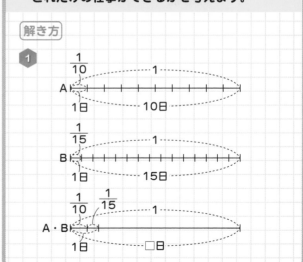

---

1 ● $10×20−130=70$ 答え 70円

● $10−5=5$ 答え 5円

● $70÷5=14$ 答え 14個

● $20−14=6$ 答え 6個

2 ● $4×10−26=14$ 答え 14本

● $4−2=2$, $14÷2=7$ 答え 7わ

● $10−7=3$ 答え 3びき

3 ① $(50×12−450)÷(50−20)=5$ 答え 5まい

② $12−5=7$ 答え 7まい

4 ① $(100×12−1000)÷(100−80)=10$

答え 10本

② $12−10=2$ 答え 2本

5 ① $(8×10−65)÷(8−5)=5$ 答え 5本

② $10−5=5$ 答え 5本

6 $(70×16−900)÷(70−50)=11$ 答え 11個

ポイント

まず，「全部が〇〇だったら?」と考え，
〇〇を1減らすと合計がいくつずつ減る(増える)かを考えます。

解き方

1 10円玉を1個減らし，5円玉を1個増やすごとに，合計の金額は5円ずつ減っていきます。

5円玉(個)	0	1	2	3	4	5
10円玉(個)	20	19	18	17	16	15
合計の金額(円)	200	195	190	185	180	175

5 5 5 5 5 減る

実際の金額より多い70円を減らすには，$70÷5=14$(個)を5円玉にかえればよいです。

6 50円のガムと70円のガムをあわせて16個買ったときの代金は，
$1000−100=900$(円)になります。

1 ① $12÷2=6$ 答え 6人

② $3×6=18$ 答え 18個

〔または，$5×6−12=18$〕

2 ① $15÷(7−4)=5$ 答え 5人

② $4×5=20$ 答え 20本

〔または，$7×5−15=20$〕

3 $18÷(10−7)=6$, $7×6=42$

答え 子ども6人，あめ42個

$$\left[\begin{array}{l}\text{または，}18÷(10−7)=6\\10×6−18=42\end{array}\right]$$

4 ① $12÷2=6$ 答え 6人

② $5×6=30$ 答え 30個

〔または，$3×6+12=30$〕

5 ① $16÷(8−6)=8$ 答え 8人

② $8×8=64$ 答え 64本

〔または，$6×8+16=64$〕

6 $(4+6)÷(7−5)=5$ 答え 5人

7 $(11+9)÷(7−5)=10$ 答え 10人

解き方

1 子どもの数を□人とすると，おはじきは$(3×□)$個あります。あと12個あれば1人に5個ずつ分けられるということは，さらに2個ずつ□人に分けるには，あと12個必要ということです($2×□=12$)。子どもの数は，$12÷2$で求めることができます。

7

5まいずつの必要な数　　あまり11まい

不足9まい

7まいずつの必要な数

1 $1\frac{7}{8}\times1\frac{7}{9}=\frac{10}{3}=3\frac{1}{3}$　答え $3\frac{1}{3}$kg $\left(\frac{10}{3}$kg$\right)$

2 ①$(49+63+57+55+53+54+64+55+55+72+67+64)\div12=59$　答え 59g

②55g　　　③56g

④
たまごの重さ

重さ(g)	個数(個)
45以上〜50未満	1
50〜55	2
55〜60	4
60〜65	3
65〜70	1
70〜75	1
合計	12

⑤$(1+2)\div12=0.25$　答え 25%

⑥60g以上65g未満

3 $15:12=5:4$　答え 5:4

4 ①$y=70\times x$

②$350=70\times x$

　$x=350\div70$

　$x=5$　答え 5 m

5 1.3km$=130000$cm,

$130000\times\frac{1}{50000}=2.6$　答え 2.6cm

6 $600\times1\frac{3}{5}+500\times2\frac{3}{4}=960+1375$

$=2335$　答え 2335円

7 〔10，12，13，20，21，23，30，31，32〕

8 (妹)$(1500+300)\div3=600$

(姉)$600\times2-300=900$

答え (姉)900円，(妹)600円

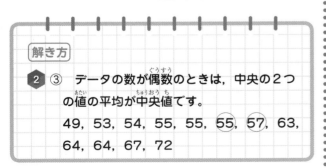

解き方

2 ③ データの数が偶数のときは，中央の2つの値の平均が中央値です。

49, 53, 54, 55, 55, ㊿, ㊼, 63, 64, 64, 67, 72

1 $3\frac{3}{4}\div\frac{5}{8}=6$　答え 6ふくろ

2 1時間12分$=1\frac{12}{60}$時間$=1\frac{1}{5}$時間

$40\times1\frac{1}{5}=48$　答え 48km

3 $7:8=1.4:\square$

　$\square=8\times0.2$

　$\square=1.6$　答え 1.6m

4 ①$y=90\div x$〔$x\times y=90$〕

②$y=90\div18$

　$y=5$　答え 5分

③$15=90\div x$

　$x=90\div15$

　$x=6$　答え 6 L

5 $144\div20\times350=2520$

〔または，$350\div20=\frac{35}{2}$，$144\times\frac{35}{2}=2520$〕

答え 2520g

6 $18\times25000=450000$,

450000cm$=4.5$km　答え 4.5km

7 〔赤―白，赤―青，赤―緑，白―青
白―緑，青―緑〕

8 $(45-3)\div3=14$，$14\times2+3=31$

〔または，$45-14=31$〕　答え 31個

9 $21\div(8-5)=7$，$5\times7=35$

〔または，$21\div(8-5)=7$
$8\times7-21=35$〕

答え 子ども7人，かき35個

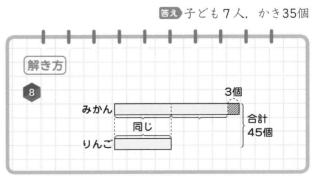

解き方

8

みかん ／ 同じ ／ 3個 ／ 合計45個

りんご

1 6×(12000÷15)＝4800　　**答え** 4800本

2 14個

(120, 130, 132, 140, 142, 143, 230, 231, 240, 241, 243, 340, 341, 342)

3 (11＋5)÷(7－5)＝8

5×8＋11＝51　　**答え** 51個

$$\begin{bmatrix} \text{または，}(11＋5)÷(7－5)＝8 \\ 7×8－5＝51 \end{bmatrix}$$

4 時速30kmで進むときの分速は，

30÷60＝0.5，分速0.5km

分速600m＝分速0.6km

秒速5000cmで進むときの分速は，

5000×60＝300000

分速300000cm＝分速3km

したがって秒速5000cmで進むのがいちばん速い。

12÷3＝4　　**答え** 4分

5 分速1350mで走る列車の秒速は，

1350÷60＝22.5

22.5×26＝585

585－540＝45　　**答え** 45m

6 (40－6)－18＝16　　**答え** 16人

7 12×18－182＝34

34÷(18－1)＝2　　**答え** 2cm

8 6，8，12の最小公倍数は24，

11時20分－8時48分＝2時間32分

　　　　　　　　＝152分

152÷24＝6あまり8　　**答え** 6回

9 970－690＝280，280÷2＝140　**答え** 140円

10 (80＋10)÷2＝45　　**答え** 45cm

解き方

2　百の位は，5まいの数字カードの数字のうち，1，2，3，4のどれかですが，百の位が4の場合，十の位の数字は0，1，2，3のどれかになり，4より小さい数字になるので，十の位の数字が一番大きくなりません。百の位の数字は，1，2，3のどれかになります。

3　子どもの数を□人とすると，1人に5個ずつ配るのに必要なみかんの数は(5×□)個，1人に7個ずつ配るのに必要なみかんの数は(7×□)個です。

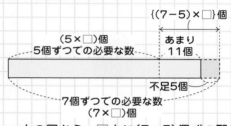

上の図から，□人に(7－5)個ずつ配るのに必要な数は，(11＋5)個になります。

5　列車が鉄橋をわたり始めてからわたり終えるまでに進んだ道のり(585m)は，鉄橋の長さ(540m)と列車の長さをあわせたものになります。

7　18まいをつなぐとき，つなぎめは，(18－1)か所です。

9　シャープペンシル2本と消しゴム2個の代金は(970－690)円です。

10
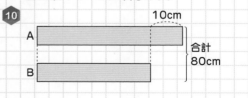